背伸びせず会社を成長させる経営術

米濱鉦二

SUN POST

背伸びせず会社を成長させる経営術

米濱鉦二

インタビュアー　金子奈緒

二〇一五年一月……東京・新橋にあるホテルの一室にて。

「多くの外食チェーン店が苦況のなか、『リンガーハット』は堅実な経営で業界でも一目置かれる存在です。これまでを振り返られて、順風満帆でしたか?」

「とんでもない。一九九一年のバブル崩壊で大きな構造変換を余儀なくされました。その後、一〇年たってようやく利益も出るようになってきました……」

穏やかに語る米濱鉦二氏は長崎ちゃんぽんで知られる『リンガーハット』の創業者。船に乗り海外に行ってみたかった、シナリオライターになりたかった、コンピューターのシステム開発をしていました、と、話は縦横無尽に進んでゆく。一九九〇年に一〇〇店舗を達成。二〇〇〇年に東証一部上場を果たし、さらに成長を続ける外食チェーンの経営のプロに、逆境を乗り越え成功へと導く秘訣をうかがった。

目次

撮影：清水信吾

創業時から郊外のロードサイドで店舗を展開していたリンガーハット。1970年代からの外食の伸びとともに成長を続けていたのだが……。その後バブルの崩壊など、さまざまな難局が押し寄せる。

第一章　一難去ってまた一難

マーケティング重視、自社工場は不要で外注すればいい、
この方向転換で品質も業績も大幅に落ちて……。

「日本の経済全体を見たときに、やはり一九九〇年以降のバブル崩壊はどの企業にも相当な痛手のように思います。リンガーハットの場合はいかがでしたか」

「そう、バブルの崩壊後はやはり大きく変わりました。日本のリンガーハットは一九九一年頃まで順調でしたが、バブルが弾けて売上は下がる、転換社債の償還は迫る、保有していた株式は下がる、アメリカは赤字……」

「悪いことが雪崩《なだれ》のように迫ってきましたね。重なるときは重なるとはよくいわれることですけれど……」

「バブル崩壊の前は銀行もどんどんお金を貸してくれました。御殿場に新しい工場をつくるのに資金が必要ですといったら、お金は貸します、それに転換社債も発行しましょうと金融機関はいうのです。借りられるときに借りたほうがいいというご時世でしたから必要以上にお金を借りてしまいました。その結果、工場を建ててもお金が余ってしまった。資金運用できない経営者は能がないといわれる時代でした。しかし、自分たちは運用に関しては素人なので、それはできないといったら、証券会社が『私たちにお任せください。売買一任勘定で全部やります』と。それで余剰資金を全部証券会社に預け、株式に投資していました。そうしたら、バブルが弾けました。株価はほとんど全部半値くらいに下がってしまったのです。三万八九一五円までつけた日経平均の株価が一万五〇〇〇円ほどになりましたから」

「その金融資産の損失は、大変な痛手です」

「そうしたら今度は大蔵省が、会社の会計制度を変えるといい始めた。株価は買ったときの価格、つまり簿価ではなく、時価で評価しなおしてください、というわけです。その場合、仮に一万円で買った株が三〇〇〇円に値下がりしていたら、七〇〇〇円は損失として計上しなければならないということになりました。そうして毎年、何億という評価損を出さなければいけないことになったわけです」

「毎年、何億という資産減では、銀行からの借入の担保としても不足してしまいますね」

「本当に大変な時代でした。いくら店舗で稼いでも、店舗を維持、管理するほうにお金が使えない。店は老朽化してくるのですが、改装はできない。機器が壊れても最低限の修理しかできないからガタガタになる。お客様が減る……。そんな状況が続きました。そういう状況の中、私はアメリカでの事業を撤退して帰ってきたというわけです」

「バブル崩壊後の立て直しですが、どのような改革が必要でしたか？」

「いろいろなことをしました。まずは人件費の削減です。リストラをしました。本部要員を減らして、店の勤務へと変えました。各店舗には必ずひとりの店長がいましたが、ひとりの店長が複数店舗を担当するようにしました。店長のいない店をつくったということです。次に新商品の開発です。『海鮮ちゃんぽん』を開発して、店に新たな魅力を加えました。さらに固定費の削減です。当時の本社は、新宿の大きなビルにあり家賃も毎月二五〇万円と高かったのです。そこで、本社を新宿から独身寮のあった国分寺へ移転しました。国分寺の独身寮は自社所有の建物でしたので改造し、本社として使うことにしました。その結果、新宿本社ぶんの家賃がまるごと浮きました。そのかわり、新宿に住んでいた私と白金に住んでいた社長（弟）が毎日、中央線で国分寺まで通うことになりました（笑）。通常とは異なる反対方向への通勤でしたから、電車は空いていて新聞を広げて読むことができました。そして最後が投資の削減です。小型店舗の開発に力を入れ、低コスト、低家賃の店舗を展開しました。保有している土地を売却するなど、四苦八苦して黒字に持っていくという状態でした。そうして徐々に回復していきました」

「変動費と固定費の大胆な削減と資産の売却による資金の確保ですね。その中で効率のよい新店舗と新商品の開発と……。短期間にこれだけのことを判断して進めるのですから、トップが日本にいなければならないわけですね」

「もちろんです。役員会で決定し、弟の社長が中心になって改革を進めました。ベテランの役員もいましたし、一九七八（昭和五三）年大卒の元気のよい若手の役員もいましたから、非常に心強かったですね。それに加えて、一九九四年に『NPS研究会』に入会してトヨタ自動車の生産方式を学び始めました。その結果、自社工場が変わったこともリンガーハットのその後には大きな効果がありました」

「バブルから立ち直るとともに、新しいシステムの導入でさらにコスト低減の体質を強化されたと……」

「それに、『社員ライセンスオーナー』という制度を発足させました。これが、社員の意識改革につながりましたね。この制度は、簡単にいえばフランチャイズの前の段階の仕組みです。リンガーハットは設立直後から、フランチャイズはしない方針で店舗展開をしてきました。しかし、この独立制度があれば、社員が小資本で自分の店が持てるという利点があります。社歴八年以上、直近の成績評価が良い社員に限り独立ができるという仕組みです。食材は、直営店と同じ価格で供給することにしています。二〇〇七年度末の段階で七二店になり、そこから発展したフランチャイズ店は、二〇一五年八月末の段階で総店舗数七〇三店のうち二〇四店にまで拡大したんです」

「バブル崩壊の危機を乗り越えるだけでなく、店舗数の拡大、売上の増大、そして利益を伸長させることに成功されたのですね」

「しかし、業績が回復するのに二〇〇三年頃まで、約一〇年間はかかっています。今、改めて振り返ってみると、会社の危機というのは……、兄が亡くなったときとバブルの崩壊のときでしょうね。あともう一つ挙げるとすれば、二〇〇三年に外部から社長を招いたときでしょうか」

「そんなことがあったんですか」

「リンガーハットは役員内規で、会長職は六四歳定年、社長職は六〇歳定年と決めていました。私は二〇〇三年五月の株主総会で定年になるので会長職を退任することにしていましたし、弟の社長もちょうど社長の定年の六〇歳になるので、会長になることを決めていました。では、次の社長をどうするか二人で検討しましたが、社内の現役員では、まだ早いのではないか、というのが一致した意見でした。ちょうどその頃、外資系外食大手M社社長のY氏が退職するらしいという情報が入ってきました。もし、当社に来てくれるなら社長をお願いし、M社で経験した経営をリンガーハットに取り入れ、世界に通用する会社にしてもらうのはどうだろうということになりました。二人でY氏にお会いしたところ、リンガーハットは自分が九州にいた頃、好きで家族とよく行っていた。また、長崎ちゃんぽんは素晴らしい商品なので、これからもっと発展させられると思う、ということでした。外部から社長になる人を招くというのは、不安に感じるところもあったのですが、人間的にも信頼できそうな方だったので、弟とも意見が一致し、リンガーハットに来ていただくことにしました。結局、二〇〇三年五月の株主総会で私は会長職を退任、社長だった弟の和英《かずひで》が会長に就任、元M社社長のY氏がリンガーハットの新社長に就任したわけです」

「バブル後の失われた二〇年はどの企業も大変だったと聞いています。そんな時期の会社のマネジメントですから、時代の圧力というか、どんなに手腕があっても外部環境によっていい結果が出せない、ということもあったのではないでしょうか」

「Y氏はM社の創業者、藤田田《ふじたでん》さんの下で永年育てられてきた、優秀な方です。彼は大学卒業後すぐM社に入社し、それ以来ずっと藤田田さんに可愛いがられてきて社長になった人物です。ですが藤田田さんが亡くなり、アメリカの資本が入ったことによって、M社も会社のマネジメントスタイルが、よりアメリカ本社式に変わっていったのでしょう。この経営方針に合わなくなっていたY氏に、お会いする機会をつくってくれた人がいて、弊社に来てもらったのです」

「そんな経緯があったのですね。とはいえ、世界最大級の外食企業、M社とリンガーハットでは企業規模も異なっていますし、もちろん企業文化も違います。しかも外部環境は決していいとはいえません。とても大変な時期に社長を任されたということですね……」

「Y氏は私よりも一〇歳ほど若い方です。M社は世界で最大級の外食企業ですし、永年、私たちはM社を勉強の対象にしてきました。だから『M社のような会社にしてもらいたい、ぜひうちに来ていただきたい』といって、来てもらったのです。その年は業績も回復してきていたし、利益も出ていたので、いい状態でバトンタッチできたと思います。ちゃんぽん以外の、うどんの店や、『日本食のファミリーレストラン・和華蘭《わからん》』、香港の企業と提携してつくったワンタン麺の店『池記《ちいけい》』など、全部整理しました。そして『とんかつ』と『ちゃんぽん』だけというすっきりしたかたちにして、よろしくお願いしますと、お任せしました。ちょうどその年、弟はリンガーハットの会長になったのと同時に日本フードサービス協会という業界団体から、会長になってくれないかと頼まれました。いろいろ事情があって断れない状況でした。ならば、会社のことはすべて新しい社長に任せようということで、新社長と当時の専務に代表権を持ってもらいました。私はもう代表権を持っていないし、弟は会長ですが代表権を返上し、その新社長と専務に代表権を譲ったわけです」

「その後の経営方針はどう変わったのですか？」

「マーケティング重視になりました。お客様へのＰＲが不足しているということで、ロゴの改訂などイメージの変更もしました。二五年間使ったマークも変えました。老朽化した店舗を積極的に改装、改造したり、教育訓練の強化をしたり、女性の登用も積極的に行いましたね」

「しかし、その後に危機になったと」

「翌年にはほとんど赤字スレスレになりました」

「なにがそんなに、利益を圧縮する原因になったのでしょうか」

「テレビの宣伝やＰＲに費用がかかっていましたし、割引のクーポン券をたくさん配っていました。Ｍ社がよく行うスタイルです。クーポン券を配ると、そのときは売上が伸びるのですが、長くは続かないのです。クーポン券を配るのをやめたとたんに、お客様の数がスーッと元に戻る。テレビＣＭも放映した二、三日はお客様が増えるけれど、またスーッと元に戻る。これでは、費用ばかりかかるし、客単価が下がるのです。さらに、グローバル企業でもあるＭ社流に香港で経営方針発表会をやりましょうと。そういうＰＲや社員を元気づけるためのお金が出ていきました。それから、Ｍ社流の考え方では自社工場は必要ない、外注を増やそう、という方針を打ち出したのです」

「たしかにM社ほどの店舗数があれば、テレビCMの告知によって多くのお客様の来店による効果もあるでしょうけれど、店舗数がM社ほどでない場合にはどんなにCMを打ってもそれほどCMの効果は得られないということもあるでしょうね。それは企業規模によるもので、世界的に展開するM社であれば非常に効果的なものであったと思います。また、自社工場が必要ないという考え方も、それまでリンガーハットが続けてきた方向とはかなり異なり、大きな方向転換になりますが」

「そうです。外部に委託すれば自社の工場は必要ない、維持費もかからないという発想ですから、それまでの私たちの発想とは違っていました。それは決して良し悪しの問題ではありません。時代や企業の大きさといったさまざまな要因がありますから、効果の出る会社もあるでしょうし……」

「リンガーハットとは相性が良くなかったという印象を受けます……」

「工場で作っていたチャーハンも、外部で作ってもらい冷凍で運んでもらえばいいじゃないかとか、外注の施策を次々に打ち出してくる。たしかに合理的な一面があります。しかし、そうなると工場で働く社員たちは面白くないということで、だんだんとやる気がなくなっていったということもあったでしょう。品質も落ちていきました。特に弟の和英会長は、このままでは会社全体がおかしくなってしまうと思い始めました。我々は、プロの経営者に経営を任せているのに、四年経っても業績が良くならないようであれば、やはり交代してもらうしかない、と決断せざるを得ませんでした。繰り返しになりますが、このことは良し悪しではありません。Y氏はリンガーハットにたくさん良いものを残してくださいました。今でも感謝しています。しかし、株主総会では役員全員、業績が低迷したことについてお詫びをしなければなりませんでした。そこで、弟は再度リンガーハットの代表権を取得し、『会長兼社長』に就任しました。もう一度リンガーハットの原点を目指し、再建するために戻ってきたということです」

「弟さんは会社を立て直すために、どのようなことに力を注がれたのでしょうか？」

「まず、利益を出せる体質にするために、不採算店の閉鎖を行いました。そのようなことは創業者でなければなかなかできないことなのです。創業者ではない経営者の場合、目前のことに一所懸命で先々まで思いが及ばないことが多いですから。私と和英（弟）社長が退いたのは二〇〇三年です。次にY氏が二〇〇四年から社長を務めるわけですが、その年から純利益が減少していきました。二〇〇八年に和英社長が復帰、二〇〇九年には大幅な損失を出しています。しかし、それは全国の店舗の中の五〇店舗を閉鎖したために出した損失です。これが〝止血〟になりました。二〇〇五年から二〇〇八年の間に収益の悪い店が増えていたのです。毎年成績の悪くなった店は閉めて新しい店を出すということをしていかねばなりません」

「小さなスクラップアンドビルドを継続しなければと……」

「弟が社長に復帰して最初の一年間で五〇店舗を閉鎖しました。そして、人件費、本部費、経費などを徹底的に見直しました。それに加えてクーポン券の使用をやめるなど、販促の方法を変更しました。再度、工場に力を入れようということで、チャーハンの外注をやめ自社工場で生産するなど、工場での製造品目も増やしました」

「かなり多岐にわたる改革ですが、対応がスピーディですね」

「閉店のためのコストがかかったことで、和英社長復帰後の初年度は大きなマイナスになりましたが、赤字店舗を閉店した効果で翌年からは利益が出始めました。一九八五（昭和六〇）年の上場した当時と、二〇一三年の正社員の数を比較すると、実はどちらも五〇〇人ほどでほとんど一緒です。でも店舗数は九三店から、六三〇店と六倍以上に増えています。店舗数が六倍に増えても正社員の人数は一緒。一店舗あたりの売上金額が大きく減っていましたから、このスタイルでなんとか利益を確保したという状態でした。仕事のすべてがシステム化され、効率化されているからこそ、少ない人数でも大きな利益を生み出すことができる。このビジネススタイルを築けることこそが、チェーンストアビジネスの生存条件だといえるんですね。会社の業績が極めて悪化しているときにそれを止血するための大胆な施策を決定する……。『言うは易し』ですが、決断して実行するのはなかなか難しいことです……。また、それまでの市場だったニュータウンの人口減少といった時代の変化もそこに重なっていったのと、かつての団地や郊外型の生活環境が変化し始めていたという時期だったことも不振店増加の原因だったかもしれません。日本人の食に対する嗜好も変化していましたし。そういう意味でも、Y氏がリンガーハットにこられた時期は経営的に一番難しい時期だったことも確かです」

コンピューターのSEの仕事は好きだったが、長兄、豪（写真中央）から「長崎ちゃんぽんの専門店を100店舗つくりたい。おまえは適任だと思う。長崎にきてやってみないか」といわれた。「それは面白そうだ」と私（写真左端）。家族に相談した後に日立を退職、1号店の開店に取り組んだ。

第二章　店をチェーン化するための大切な考え方

野菜の国産化、工場の生産効率、店舗の中の効率化、
そしてスタッフの意識変革、そのすべてを行わなければならない。

「業績が回復した要因として、食材を全部国産に切り替えたということも大きかったと思います。野菜も小麦も全部国産にしました。素材の安全性を強調したかったのです。それまで海外から輸入していた野菜などの食材の中には、日本では作っていないものもありました。たとえばキクラゲです。キクラゲは中国や台湾でしか作っていませんでした。日本にはなかったものですが、キクラゲをちゃんぽんに入れると食感が〝コリコリ〟してとても良いわけですが、正直いって品質は悪かった。納品の際には大きな麻袋にバラでキクラゲが入ってくるのですが、その中に髪の毛、石やら鶏糞などが混じっている」

「すさまじい状態で輸入されてくるわけですね」

「キクラゲというのはキノコですが、そのキノコを収穫して屋外に干します。台湾の現場を見に行きましたが、干しているところをニワトリが走り回っているのです。そんなキクラゲをそのまま袋に詰めて日本に持ってくるわけです。その後、中国にも行きましたが同じような環境です。キクラゲは日本で生産しているところがなかったので使用をやめました。きぬさやえんどうも中国から輸入していましたが、リンガーハットの使用量は日本全体の生産量の数倍という規模でした。これでは国産化できないので、日本中のあちこちの農家にきぬさやえんどうの生産を依頼することにしました。キャベツを作っている農家やニンジンを作っている方たちに購買担当者がお願いをしてまわりました。しかし、『いやぁ、そんなものは作れない』とおっしゃる方が多かったようです」

「国内だけでは調達できない食材を国産化するということは大変なことですね」

「担当者は農家を訪ねて、どうして作れないのかを尋ねました。すると、『キャベツに比べると作るのが数段難しい』とおっしゃる。しかし、少しずつ引き受けてくださる方が現れてきまして……」

「救う神はいるわけですね」

「しかし、作り始めても数量が確保できない。そういう中で材料の国産化を進めていったのですが、国産化のコストをどうやって吸収するのか？　と役員会でも国産化に疑問を呈する人たちもいたようです。しかし、弟が安全を最優先するため強引に国産化に切り替えました。その結果、食材の価格も上がってしまいました。なにが今一番重要かということを考えての決断だったと思います。結果的には英断だったと思います」

「その決断によって会社全体が再び上昇気流に乗ったわけですから、やはりトップの決定は会社の業績を左右するといえますね」

「それから一九九五～九六年頃、調理システムを改善しトヨタの生産方式を私たちの工場に導入しました。トヨタというのは工場中心ですから、それを手本に私たちも生産の仕組み、品質の管理をしっかりするようにしたわけです」

「生産計画の厳密化によって仕入れ費用や無駄をなくすなど、いろいろと経営全般の効率化をはかっていかれたということですか？」

「それに加えて外注を減らそうと……。たとえばチャーハンも冷凍食品会社からチャーハンを仕入れればいいじゃないか、という話がありました。しかし、トヨタ生産方式の考え方でいけば、よそに頼むとコストも上がるし、なによりも品質管理において自分たちが思うようにコントロールできなくなる。どうしても冷凍食品会社任せになってしまう。冷凍食品の工場に行って品質云々《うんぬん》と語っても、冷凍食品メーカーはリンガーハットよりも大きな会社ばかりですから」

「たしかにニチレイさんや味の素さんとかその他も錚々《そうそう》たる大企業が多いです」

「彼らが我々のいうことを聞くわけないじゃないか、と……」

「彼らも食品に関してはプロですからね……」

「味については私たちも専門家ですが、生産に関しては冷凍食品メーカーさんも自分たちに力があると思っています。そんな関係で冷凍食品メーカーから冷凍のチャーハンを仕入れてお客さんに提供しても私たちに力がつかないわけです。だから、内製化してできるだけ自分たちの工場の中で作っていこうと……。しかし、それだけだと工場の中の生産効率は上がるけれど、各店舗での作業効率は上がりません。工場でかなり加工をして店での加工を減らしたとしても、最終的に各店でチャーハンの鍋を振っていたら効率は上がらないわけです。工場は佐賀県と御殿場に一つずつですが、店は全国に何百とあります。店の中の機械化、効率化がこれからは本当に大事になってきます。スタッフの数もパートさんも含め二万人くらいます。その方たちの生産効率を上げないといけないのではないかと思います」

「野菜作りから工場での生産効率、そして各店舗の中の効率化に加えて、それらを徹底させるためのスタッフの意識変革など多岐ですね。目が回りそうです」

「効率化を店にまで広げていかなければなりませんから、工場で作る部分を増やして店の中の作業をもっと単純にしようと。そうすることでいろいろと施策を練ってきました。以前はちゃんぽんを数人ぶんずついっぺんに作っていましたが、今は違います。ひとりぶんずつちゃんぽんを作るように変えたわけです。お客さんから注文があったらそのつど一個一個作る。そのようなシステムを店の中に取り入れました。それが今のリンガーハットのシステムです。そして、それができるようになったので、フランチャイズの仕組みも可能になりました」

「なるほど。単店単位で食事を作って提供するのではなく、工場で可能な限り加工してお店の作業は単純化する。その結果フランチャイズが可能と……。さらに店舗の拡大が可能になってきたと考えられるわけですね」

「ちゃんぽんを作るのにそのつど鍋を振って調味料をかけて、ということを各店でやっていてはどうしても味にバラつきも出てきます。おいしいちゃんぽんとそうでないちゃんぽんと差が出てきてしまう……。それに効率も悪い。しかし、工場で炒めることにして冷凍で店に運ぶ。店では炒める工程をなくすことができます。店ではそれを煮込みます。そして一つひとつ作っていくということで効率が上がり、味のバラつきもなくなりました。昔作っていたように、手作りで鍋で炒めると一〇〇点満点の最高のちゃんぽんもできるのですが、そうでないちゃんぽんもできてしまうことがある」

「そうなんですか……」

「一〇〇点に近いちゃんぽんがいつでもどの店でも作ることができれば最高ですが、店数が多くなるとそれは店数に比例して難しくなってきます」

「なかには七〇点くらいのちゃんぽんができちゃったりすることもあるのでしょうね」

「七〇点ならまだいいですが、六〇点とか五〇点といったちゃんぽんになることもある。それはチェーン店にとって大きな問題です。だから、九〇点とはいわないけれど、全部のちゃんぽんが八〇点になるような仕組みのほうが、チェーン店にとってはよいのです。いつどこの店でちゃんぽんを食べてもしっかりした味だ、といわれる仕組みにする必要があったのです。待ち時間を短縮することができて、フランチャイズも展開できるようになりました」

「たしかに待ち時間は非常に短いですね。それにも驚きました」

「そのようなシステム化を進めたおかげで、ショッピングモールのフードコートから出店しませんか？　という問い合わせが増えてきました。今、ショッピングモールの中だけでも二〇〇店舗ほどあります」

「昨今、ショッピングモールの人出はすごいですからね」

「そうなると、これまで普通だった駐車場付きのロードサイドの店よりもショッピングモールの店のほうがよくなってきています。具体的な話をしますと、埼玉県与野《よの》市《し》の大宮バイパス沿いのリンガーハットが関東圏の一号店です。一九七九（昭和五四）年、一億円で土地を買い、駐車場付きの店をつくってものすごく繁盛しました。それが二〜三年ほど前、近所にイオンのショッピングモールができて、その中に店を出したらそちらの売上がよくなって一号店だったロードサイドの店は最盛期の半分くらいまで売上が落ちてしまいました」

「時代が変わってそんなにお客さんの流れが変わってしまったんですか」

「そうです。投資効率を考えても、ロードサイドの店は土地を購入して店を建ててとなると一億五〇〇〇万円とか一億六〇〇〇万円とかを投じていました……」

「フードコートはすでにできあがっている箱に厨房をセットするというイメージですから費用もかからなさそうですね」

「客席も広い共有のスペースがあるわけですから……。そこは私たちが投資するわけではありません。もちろん家賃は高いですし、売上に応じて何パーセントか支払うわけですが、それにしても投資効率は非常にいいわけです。そういうことで、与野ではショッピングモールの店ができた後にロードサイドの店を閉じました」

「東京進出の足がかりになった記念すべき店を閉じてしまったんですか。時代の変遷ですね」

「福岡や長崎などでも同じことは起きています。土地ごと取得していた店は土地ごと売却して、近くのショッピングモールに移っています。そうするとますますショッピングモールのほうにお客さんが集中していきます。その結果、利益率もよくなってきます」

「近頃の消費者の動向がものすごく明確に見えたようで腑《ふ》に落ちました。私たちがそういう時代に入っているということなんですね」

「効率的になってきたので、フランチャイズやフードコートへの進出も可能になったわけなんです」

「トヨタのカンバン方式(*1)が外食産業の中で生きているというのも不思議な感じがします」

「必要なときに必要なぶんだけ用意するということですが、その結果、店の中の在庫を極端なまでに、ぎりぎりまで少なくしています」

「極端なまで……、ですか?」

「はい。工場から食材を積んだ配送車が店に着いたときには、店の冷蔵庫の中が空っぽになるくらいにするわけです。たとえば御殿場の工場から配送車が出発して都内の店にその日のぶんの材料だけを持っていきます。配送車が着いたとき冷蔵庫は空で、一番新鮮な食材が入っていくことになります。しかし、店からの発注がうまくいっていないときは、配送車が着いたとき冷蔵庫の中に餃子やキャベツが残っている。そうなると、その日配送されたものを使わないで昨日配送されたものを使うことになり、冷蔵庫の中に材料が溜まってしまう。結果として古いものを使うことになる」

「なんとなくそれはいけないのではないか？　と思いますが……」

「実はそれが一番良くないことなんです。冷蔵庫の中の野菜や材料は今日のぶんを使い切ることが大事なんです。とはいえ品切れを起こしてもまずいわけです」

「そうですね。仕入れ数の発注は難しい」

「そこの精度をどうやって保つか、というところが重要です。今から三〇年くらい前、翌日の麺の仕入れ数などは店長が発注していました。しかし、店長によっては発注数量の精度が悪く実際に店に行ってみたら在庫が山になっているということもよくありました。そうすると古いものから使っていかなければなりませんから、いいことはなにもない。それで、店長に発注数量を計算させるよりも、コンピューターに計算させたらどうだろう、と考えました」

「それもある意味、時代の流れではあります」

「そこで、過去一週間の材料使用量をコンピューターに把握させ、前年の同月同曜日の数字

＊1　カンバン方式：トヨタ自動車が一九六〇年代に開発・実施している工場生産の方式であり、日本型の生産方式として世界的に有名。「必要なものを必要なときに必要な数量だけつくる」という考え方にもとづいている。

なども参考にして、店に送り込むべき数量をコンピューターに算出させたわけです。理にかなっており一見良さそうに見えました。しかし、コンピューターに算出された数量の食材が入ってくるようになると、店側の材料管理がおろそかになってくるのです。『いやぁ、仕入れの数は我々が決めているわけじゃないんで……』という言い訳が出てくるのです」

「それは逆効果というか……」

「それではまずいのです。やはり現場の長が、明日どのくらいの数量が必要か責任を持って決めなければダメだと。たとえば天気が悪いからとか、近所で運動会があるなど、本社が持っていない情報を店長は持っているはずだと。そういう現場の情報をコンピューターで管理することは難しい。間違ってもいいから、店長が翌日の仕入れの数量を計算して発注しろ、としました」

「ということは在庫に関しては店長の責任は重大なわけですね」

「そうです。店長の最重要管理項目の一つです。とはいえ、徐々に精度が上がってきています」

「このところ話題になっているリンガーハットの成長は、今お聞きしたような大胆な施策の変更や在庫管理の徹底などをしながら、店舗のスクラップアンドビルドによる新しい展開で上昇気流に乗せていった、ということでしょうか？」

「スクラップアンドビルドだけでなく、全社をあげて取り組んだ数々の施策が徐々に実を結んできたということだと思います。毎年、必死になって、業績向上に取り組みました。シーフードちゃんぽん、牡蠣ちゃんぽん、ゴーヤちゃんぽんなどの新商品開発、ＩＨヒーターを使った新しい調理システムの開発、コンピューターを使った教育システムの改善、家賃の値下げ交渉、建築費の削減のための店舗のプレハブ化、テーブル、椅子などの海外での生産、どんぶりなど什器の中国での生産、社員オーナー制度、イントラネットによる社内の情報システムの構築など、一つひとつは小さいことばかりですが、積み重なるとけっこう大きかったのかもしれません」

「トヨタのカンバン方式を一九九五～九六年頃にシステムとして取り入れ、システム導入後にＭ社からＹ氏を社長として招かれたというのは、システムの導入に併せてＭ社的な手法による相乗効果を求めたということなんでしょうか？」

「いや、それとこれとは関係ありません。Y氏はカンバン方式というものは工場の仕組みだと受け取っていました。彼は生産の仕組みよりも、マーケティング主体の考え方でした。マーケティングという観点から見ると工場や生産は外注したほうがいいということになります」

「生産部分は外に出して、もっと市場に積極的にアクセスしたほうがいいということですね」

「良し悪しではなく考え方の違いです。内製するお金があるなら店舗に投資をしたほうがいいという考え方です。ですから店舗の仕組みをどんどん変えていくということには大賛成だけど、工場の生産方式にお金をかけていくということには理解を示さなかったですね。もともと、M社は工場を持たない会社ですから……。それからケンタッキー・フライド・チキンもデニーズも工場を持たない主義です。生産よりもマーケティングに重きを置いて進めていったわけです。その方式で進めたことによって世界一の外食産業ができているのですから、間違ってはいないのです。逆に我々が間違っているのかもしれません。しかし、今起きている、M社の食材の問題は海外の外注工場で起きています。品質をコントロールしているつもりだったのでしょうが、外部の会社に発注するということは、コントロールできない部分もあるということの実証ではないでしょうか」

「なんとなく外食チェーンの各社の取り組みが理解できてきたような気がします」

「マーケティング主導のチェーン店は工場にエネルギーを注がない代わりに店には人もお金もどんどん投じます。店に行くとわかりますが、M社には若い女性のスタッフがたくさんいますよね。私たちからすると、なぜあんなに人がいるの？　という感じです。半分もいらないんじゃないの？　と思うわけです。だけど、彼らは売れる機会に売らなければダメだと……。ですから、売れる時間帯には一〇〇パーセント、いや、一二〇パーセント、人も商品も動かしていく。そのための店の管理をキッチリやりなさいという考え方です。そのためには店の人を削るなと……。それはそれで立派な考え方です。リンガーハットは近頃（二〇一五年）いいね、といわれていますがそこまで徹底できていません。私たちが創業してからのマインドというか工場と店の関係はまったく変えていません。物事を一つひとつキチッ、キチッとやろうということ。一店舗で実験し、良ければ三店舗に拡大し、九州と関東でエリアを限定してやり、それらをシステムとして確立させ、全店に拡大していこうというスタイルです。

ようやく実を結んできたというふうに思っています。また、このことは弟も同意見ですが、大きく背伸びしなかったことが良かったかもしれません。私たちは、マイペースで進んできました。早く走るといろいろな齟齬が起きてきます。現在は利益率も高くないし、業績はまだまだです。これからどうなるかわかりません。普通、企業のサイクルは三〇年といわれています。三〇年経つと企業の業績が悪くなっていくと……。私たちも一九六二年の創業ですから、三〇年目は一九九二年でした。一九九二年のバブル崩壊あたりで消えていった会社はたくさんありました。でも私たちは生き残った。生き残ってなんとか這い上がって、それまでやってきた三〇年の仕組みを変え、長崎ちゃんぽんという郷土料理を今のように一個一個作ってコンピューター管理するようなシステムに変えてきた。そのことが今存在している理由かもしれません。そして二〇二〇年くらいまでの間には、またなにか新しい仕組みをつくらないと、次の三〇年を乗り越えていくことはできないんじゃないかとも思っているんです。次の世代に期待したいですね」

米濱鉦二氏の生まれは満州の牡丹江省東京城。1945（昭和20）年12月、第二次世界大戦の敗戦後に7歳で日本に引き揚げてくることに。写真は実姉の入学式のときの家族写真。米濱氏はまだ３歳であった。

第三章　外国を見たい！ ひたすら夢を追った十代

昭和二〇年代。無線通信士になって外国航路の船に乗る夢を叶えるために無線通信士の国家試験に合格することしか頭の中になかった。

「米濱さんは、お生まれはどちらですか？」

「生まれは満州《まんしゅう》(＊2)の牡丹江省《ぼたんこうしょう》東京城。東京の城と書いて『とんきんじょう』と読みます。そこで生まれて、その後、芝罘《ちーふ》、今でいう煙台《えんたい》という街に引っ越して終戦を迎えました。芝罘は青島《ちんたお》の近くの市です。一九四五（昭和二〇）年の一二月、七歳のときに日本に引き揚げてきました。両親、姉、僕、弟が三人の七人でした。弟三人はまだ幼く、上が四歳、一番下の弟は五カ月くらいだったので、母は大変だったと思います。引き揚げた先は、両親の故郷、鳥取市賀露《かろ》町という、小さな漁港がある町でした」

「生まれてから七歳頃まで、満州では、どんな暮らしだったのでしょうか」

「私は一月一七日、満州の冬の一番寒いときに生まれました。当時、母親が腸チフスにかかって母乳が出なくなり、私はずっと豆乳で育てられたらしいのですよ。そのせいか豆乳が身体に合っていて、今でも毎朝飲んでいます（笑）」

「そうですか（笑）。豆乳は身体にいいといわれていますよね」

「おぼろげながら覚えているのは、小学生に入ったぐらいの頃のことですが、毎朝、屋台で中国人のおばさんが家の前に豆乳を売りにくるのですね。僕はどんぶりを持って買いに行く。そのアツアツの豆乳を毎日飲んでいました。それにもう一つ、油條《ゆーてぃあお》というのですが、小麦粉で練った生地を油で揚げた麩《ふ》のような形をしたものがあるのです。それを豆乳につけて食べるのが大好きでした。これは満州など中国の北のほうに住む人たちの朝食で、私たちもそれをよく食べていました」

「日本とはまた違った食文化ですよね。その後、日本に引き揚げてこられて住んだ賀露という町は、どんな町だったのですか？」

「小さな漁港のある、松葉ガニで有名な町です。父親は松葉ガニなど魚の仲買人をしていて、買った魚を大阪や京都に出荷していました。僕は中学生のとき毎日、その手伝いをしていました。学校から帰ってくるとすぐ漁業組合に行き、夕方四時頃から始まる競市《せりいち》で親父が競《せ》り落としたカニを大八車《だいはちぐるま》に積み込み、作業場に運んで行きます。そして大きな釜で茹でて、冷ました後、きれいに箱に詰め、大阪や京都に送る、そういうようなことを手伝っていました」

＊2　満州：中華人民共和国において中国東北部と呼ばれる地域の当時の呼称。現在の遼寧省、吉林省、黒竜江省の三省と、内モンゴル自治区の東部が範囲となる。日本はここに一九三二～四五年、満州国を建国した。

「中学生の頃から、まるで漁師さんのような、海にかかわる生活をされていたのですね。当時、将来はどんな仕事をしたいとか、どんな夢を持っていたのですか?」

「本当に小さい頃、それこそ満州にいた三、四歳の頃は、母親の話だと『クルマの運転手になりたい』といっていたらしいです。ただ、物心ついて憧れたのは、船に乗る仕事でしたね」

「船、ですか。それにはなにか大きなキッカケがあったのでしょうか?」

「僕は学校の先生から受けた影響が大きくて。小学校の先生には大きな影響を受けましたが、特に中学校に入って出会った山口了先生の影響は大きく受けました。山口先生は同志社大学を卒業後すぐ教師として私たちの湖東《ことう》中学校に赴任されて来た方で、アマチュア無線の資格を持っていて、放送部の指導教師でもありました。当時の僕は電気というものに興味を持っていたので放送部に入部し、運動会のときなどは、でっかいスピーカーをかついで行って校庭に設置して音楽を流したりしていました。山口先生はラジオの組み立て方も教えてくれました。僕らも真空管を買ってきて、ラジオを組み立てたりしていました。その頃、短波放送を受信し、英語の放送も聞くことができたのです。英語はわかりませんでしたのでジャズを聴いていました。山口先生はジャズギターの演奏が上手でしたし、ハリウッドのミュージカルの映画にも詳しかったのです。ダニー・ケイとか、ドリス・デイの話もしてくださり、『Ｔｅａ　ｆｏｒ　Ｔｗｏ』という映画を友人と観に行ったこともありました。そういった経験もあって、アメリカに対する憧れがあったのですね」

「とても素敵な先生ですね。それから外国、特にアメリカへの憧れが強まっていったのですね」

「兄の豪《つよし》の影響もありましたね。兄には、よく歌謡曲を教えてもらっていました。僕が小学校二年生とか三年生のときのことです。兄はもう中学生で、私から見れば立派な大人になっていました。その歌謡曲の中でも強く印象に残っているのが、『パラオ恋しや』という歌です。歌詞の中に『椰子《やし》の葉揺れる』という小節がありました。それが、なんというか南洋の海を感じさせたのですね。きれいな青い海に島が浮かんでいて椰子の葉っぱが揺れている、そこを歩いたり泳いだりと……。そういう情景は見たことはなかったのですが、でも、イメージしていたのでしょうね」

「なるほど。それが中学生になるよりも前の、海外への憧れの原点だったわけですね」

「そうですね。そして中学生の頃、兄が『俺はサラリーマンなんかなりたくない』といっていたのを覚えていて……。父親も『俺は勤め人がいやで、商売人になった』というようなことをいっていたのを覚えていました。だから漠然と自分も、『サラリーマンにはなりたくない』と思っていたのです。外国に行きたいという思いも強く、サラリーマンにもなりたくなかった。ですから、外国航路の船に乗れば外国へ行ける、ということを知った後は、それが私の進むべき道だと考えるようになったのです」

「海外への憧れと、サラリーマンになりたくないという二つの思いが重なって、外国航路の船に乗る、という夢が生まれたわけですね」

「一九五〇、五一（昭和二五、六）年頃のことです。あの頃は終戦直後で外国に行こうと思っても行けない時代でしたが、外国航路の船に乗れば外国に行ける。だから、船に乗るためにはどうしたらいいかということを調べました。すると、無線通信士になれば、外国航路の船に乗れるということがわかりました。ただ、そのためには一級無線通信士の国家試験に合格しなければならず、その国家試験というのが非常に難しいということもわかりました。そして、無線通信士を養成する学校が全国に三つあることもわかりました。国立電波高等学校(*3)という学校です。仙台と四国と熊本にあり、鳥取から一番近いのが四国の香川県詫間町《たくまちょう》にある学校でした。なんとかしてそこを受験しようと思いました」

「しかし、そこは簡単に入れるような学校だったのですか？　かなり難しそうですが……」

「そうなんです。入学試験が難しく競争率は非常に高いと聞きました。ですが、入れば無線通信士の国家試験に合格しやすくなるということも聞いていましたので、必死で勉強しました。無線通信士の一級は、大学で四年間勉強しなければ取れないレベルだとも聞きました。それでも電波高等学校の卒業生はほとんど一級無線通信士の資格を取り、外国航路の船に乗っていたのです。また、外国航路の船に乗った経験のある先生が教えている、ということも聞きましたし、船に乗らなくても、一級無線技術士の資格を取って放送局や電信電話公社に

＊3　国立電波高等学校：戦前には無線電信講習所として逓信省所管であったが戦後の学制改革により、国立の職業高等学校として文部省に移管。三年制の本科の上に一ヵ年の専攻科と、一ヵ年の第一別科，第二別科があった。全国に三校あり、香川県にあったのは、大阪府中河内郡矢田村の「官立無線電信講習所 大阪支所」が一九四九年、香川県三豊郡詫間町に移転されて開設された「詫間電波高等学校」。米濱鉦二氏が入学したのはこの学校である。その後、同校は詫間電波工業高等専門学校に改組され、二〇〇九年、高松高等専門学校と統合し、香川高等専門学校となる。

勤めている卒業生もいると聞きました」

「船に乗るという夢を叶えるために、鳥取の家を離れて香川県の学校に行くことになったと」

「市立でもなく県立でもなく国立の高等学校であるというところも魅力でしたね。全寮制で、授業料も安い。入学してからは、国家試験に合格することしか頭の中にありませんでした」

「やはり、全国各地から学生が集まっていたのですか?」

「同級生は長野、大阪、姫路、岡山、広島などからきていましたが、鳥取からは私ひとりでした。一番多いのはやはり地元の香川と愛媛でしたね。それに、当然ですが同級生には優秀な人が多く、英語も数学も鳥取の田舎の中学校レベルでは太刀打ちできませんでした。しかし、国家試験に必要な科目だけは負けまいと、科目を絞って勉強しました」

「目的は、国家資格に合格することだったわけですものね。とはいえ、やはり国家資格に合格するのは難しかったのではないですか」

「二年生のときに国家試験を受けて、クラスでも一番早く二級無線通信士の資格を取りましたが、三年の卒業までに一級の無線通信士の試験には合格することはできませんでした。これでは外国航路の船に乗れない。そこで本科の上の専攻科という、もっと突っ込んで無線通信を勉強するクラスに入り、再度、国家試験に挑戦することにしました」

「そのような専攻科まであったのですか。ちなみに、ひとり親元を離れての生活というのは、いかがでしたか？」

「入学したときは全寮制だったので、学校の敷地内にある大きな寮で生活しました。一部屋四人だったのですが、寮の規律は厳しかったので、上級生にはよく叱られました。二年生になってからは寮を出て、学校の近くに下宿し、自炊生活を始めました。自炊といっても下宿先のかまどを借りて、小さな羽釜《はがま》(＊4)に洗った米を入れ、集めてきた松葉を火吹竹《ひふきだけ》(＊5)で吹きながらご飯を炊くだけです。朝は、鶏舎に行って下宿先が飼っている鶏が産んだ卵を一つ分けてもらい、それを割ってご飯にかけて食べていました。卵がないときはマヨネーズをご飯にのせてソースをかけて食べていましたね」

＊4 羽釜：かまどにかけるのに適するように胴のまわりにつばが付いている炊飯用の釜。
＊5 火吹竹：竹筒の一方の端の節を残し、四〇〜六〇センチくらいの長さに切り、その節に小さな穴を開けて、息が強く吹き出るようにした火をおこす道具。昔は全国どこの家庭でも使っていた。

「今から考えると、かなり質素な食生活だったのですね」

「そうですね。家からは毎月仕送りしてもらっていましたが、ときどき現金書留が届くべき時期に届かないことがあって困りました。書留が届くと教員室の前の黒板に名前が書き出されるのですが、遅れたときは毎日のように黒板を見に行って『昨日も来ていなかった。今日も届いていない』、とがっくり落ち込んだ記憶がありますね（笑）」

「まさに、首を長くして待っているという感じですよね」

「そうですね。専攻科に入ってから、今度こそ絶対に合格するぞと必死の思いで勉強したせいか、幸い、八月の一級無線通信士の試験に合格できました。就職が内定していた川崎汽船に連絡すると、一〇月一日付で採用するからその日に神戸の本社にくるように、ということでした。一級の資格を取ってしまえばそれ以上学校にいる意味がないので、専攻科は中退し、下宿を引き払って鳥取に帰りました」

「ということは、専攻科は卒業されずに学校をお辞めになったわけですね。しかし三年以上生活をしていると、香川を離れることにも寂しさがあったのではないですか？」

「それはもう涙をおさえるのに必死でした。下宿でお世話になったおばさんや息子さん、娘さん、近所の人々も含めて、多くの友人知人がバス停まで来て見送ってくれました。本当にお世話になったし、当分会えないと思うと寂しかったですね。ただ、一方ではこれから自分は船に乗れるのだ、という嬉しさのほうが大きかったように思います」

「憧れていた夢への第一歩を踏み出したわけですものね。ではまたすぐ、家族とは別れて神戸に向かわれたと……」

「そういうことでしたね。このときは、船に乗れることはもちろん、自分の力でお金を稼げるようになるのだということも嬉しかった」

「やはり、弟さんが三人もいらっしゃったこともあり、家計を助けたいという思いが強かったということでしょうか」

「実は、香川県の学校を受けるために夜遅くまで受験勉強しているとき、姉からは『外国に行きたいなら、鳥取西校の普通科に行って、東大、京大を目指し、外交官になるとか商社に入れば海外に行くチャンスがあるのではないか』と、かなりしつこくいわれました。ですが、これから高校、大学と七年間も勉強しなければならないし、その間、一銭も稼ぐことができないというのは、当時の私としては考えられませんでした。一日でも早く稼げるようになって、家計を助けたいと思っていました。後で聞くところによると、私の送るお金はたしかに家族の役に立っていたようですし、送金が届くのをあてにするようになっていたらしいのです。少しは家族の力になれたと思うと、とても嬉しかったですね」

高校時代の夢は外国航路の船の乗ること。そのために一級無線通信士を目指す。入学したのは鳥取から一番近かった四国の香川県にある国立詫間電波高等学校。一級無線通信士の国家試験に受かることだけを目指していた。

第四章　一生サラリーマンでいいのか、それとも……

兄から、飲食店の経営をシステム化するには
君の持っている知識や経験が役に立つのではないかといわれた。

「無事国家資格を取得されて、さっそく船に乗ることになったのですね」

「初めて乗ったのはフィリピンやボルネオに行く小さな船でした。二千数百トンの友川丸という船でした。私の処女航海はフィリピンのサマール島という島に、ラワン材を積みに行く航海でした。ラワン材という木材は直径が一メートルから二メートルあり、その上、長さがものすごく長いんですよ。フィリピンやボルネオの島で伐採したラワン材が沖に停泊している本船の近くまで運ばれてきて、それをクレーンで吊り上げ船に積み込み日本に戻る、という船でした。ちょうどその頃、日本は終戦後の建築ブームの時期で、木材が大量に必要だったのですね。ボルネオではオランダの緑色の瓶のビール、たぶんハイネケンだったと思うのですが、よく飲みましたね。今でもハワイやアメリカ本土でハイネケンはよく飲んでいます」

「外国航路の船に乗って異国にいる……。夢が叶った感じがしたのではないでしょうか。一度のお仕事での乗船の期間はどのくらいなのでしょう?」

「フィリピンやボルネオは一ヵ月程度と短いのですが、ニューヨーク航路だと行って帰ってくるのに、だいたい三ヵ月から四ヵ月近くかかります。サンフランシスコに行くのに、横浜を出航してだいたい一四、五日はかかります。速い船だと一二、三日。でも、そんなに速くすると燃料を使いすぎるので、普通の巡航速度で行くと一四、五日なんです。サンフランシスコに着いて、二泊くらいして、ロサンゼルスへ行って二泊。それからパナマ運河を通って、ニューヨークに行く。ニューヨークに着いたら三日くらい泊まって、ボストンやフィラデルフィア、ボルチモアを回って、またパナマ運河を通ってロサンゼルス、サンフランシスコに寄って神戸に帰ってくる。だいたい一航海三ヵ月ですね。そしてまた、次の航海に出て行く。乗船して休暇をとるために船を下りるまでは一年半くらい乗っていました。そして一ヵ月くらい休暇を取ってまた、乗船する、その繰り返しです」

「そんなに！」

「ビルマやインド、ソ連や中国へ行く船にも乗りましたが、最終的にはニューヨーク航路に四年ほど乗っていました。一航海が三ヵ月から四ヵ月。二回続けてニューヨーク航路の船に乗りましたので、ニューヨークには一二、三回は行ったでしょうか。今は荷物もコンテナになりましたが、昔は船倉にそのままダンボール箱や木箱などの荷物を積んでいました。私が船を下りてからはコンテナ船が開発され、荷物はすべてコンテナになりました。港に着いたらすぐ、クレーンで積み降ろししますから、ものの数時間で出港できるようになってしまいました。非常に効率はよく、コストもすごく下がったのですが、乗組員は上陸して遊びに行く時間はとれなくなったでしょうね」

「合理化が進んだということで……。上陸する暇もないなんて、ちょっと残念ですね」

「そうですね。しかし、改めてこうして、自分が行ったところを思い出すと……、日本を出て、サンフランシスコ、ロサンゼルス、パナマを通ってニューヨーク。小さい船のときには、フィリピンやビルマ……、今のミャンマーですね。それからインドのカルカッタとか、中国の天津、ロシアの樺太など……」

「その中で、昔憧れた絵ハガキのような景色、海と砂浜と、椰子の木の景色。こういったものを、実際に自分の目で見ることができたわけですね」

「そう、ずっと夢見ていた景色です」

「とても素敵です」

「とはいえ、仕事ですから、船にはとにかくいろいろな物を積んでいましたね。昔はフィリピンでよく砂糖を積んでいました。それもバラで。砂山みたいな砂糖の山を大きなホースで吸い込み、船いっぱいにバーッと流し込むわけです。一万トン、ほとんど全部砂糖です」

「わぁ、袋もなしにそのまま船体へ！　ずいぶん荒っぽいですね」

「そう。それに、石炭や鉄鉱石も砂糖のようにバラで積むのです。そういえばこんなことがありました。フィリピンで砂糖を積み、ニューヨークに行きます。港に着岸するのですが、そこにはペプシ・コーラのでっかい工場があるんですね。そこの岸壁に横付けして砂糖を降ろすのです。降ろすというか、またでっかいホースで吸い上げるわけですよ、バーッと」

「え、ホースで吸うんですか？　掃除機みたいに？」

「そうなんです。それが砂糖のときもあるし、ゴムの原液のときもある。ゴムの原液は真っ白い牛乳のようでしたね。あれを船にポンプで積み込んで、ニューヨークなどで荷揚げするわけです。みんなタイヤになったのでしょう」

「それを同じ船で？　砂糖を積んだり、石炭を積んだり。ゴムの原液まで。すごいですね」

「いろいろなものを運んでいました。クリスマス前のシーズンになると、ほとんどが段ボール箱や木箱になるのです。『それにはなにが入っているのですか？』と航海士に尋ねると、おもちゃなどのクリスマス用品、静岡のみかんなど、とのこと。いつかは、航海士から『ニューヨークで面白いものを積んだよ。一緒に見に行くかい』といわれて船倉に行ってみたところ、キャデラックとかリンカーンといった高級車が積んでありました。一〇台くらいしか積まないのですが。窓のところのボタンを押すと、ガラスのウィンドウがスーッと下がったり上がったりするのです。いわゆるパワーウィンドウですね。昭和三〇年代、まだ一般の乗用車にはそんな設備がなかった時代だったので、これがリンカーンだ、とかいってはしゃいでいましたね（笑）」

「面白いエピソードですね（笑）。憧れていた職業で、望んでいたとおりいろいろな国へ行き、さまざまな経験をする。子どもの頃からの夢が叶って、とても素敵なことだと思います。ところで、どうして船を下りようとお考えになったのですか？」

「一生船に乗っていられるだろうかと考えるようになったのです。同じ船に乗っていた先輩たちからは、『お前いつまで船に乗っているんだ。嫁さんをもらっても、嫁さんや子どもと一緒に住めないよ』といわれるのです。たしかに、一年中船に乗っていて、家に全然いないわけですから。だから『船を下りるのだったら、三〇歳までにしないとだめだ。三〇歳すぎるとオカでの就職も難しくなるよ』とか。いろいろといわれて悩むようになりました」

「たしかに、ずっと家に帰れない職業で、結婚相手を探すのは難しそうですし、再就職するにも年齢的な問題が迫ってきますね」

「そうこうしているうちに、一九六一（昭和三六）年に父が亡くなったんです。その頃ちょうど神戸の本社で陸上勤務をしていましたし、この機会に船を下りようと決めました。そして通信機器メーカーに入りました。そこで二年ほど勤めた後、船に乗っていたときの先輩に誘われてソフトウェア会社に入りました。この会社は日立製作所の関連会社でその後、日立製作所に併合されました。そこで初めてコンピュータープログラミングを習いましたがこれが面白くて……」

「さすがは理系ですね！　船とは勝手が違いそうですが」

「やればやるほど、面白くなっていきました。僕は名古屋にいましたから、名鉄といわれている名古屋鉄道、岐阜県庁やヤマハ発動機、東邦ガスなどに営業マンと一緒にコンピューターの売り込みに行きました。システム提案、経済効果はどうか、などの説明を行いました。競争相手はいつもIBM、レミントンユニバック、富士通、日電です。日立のコンピューターが採用されれば、どういう使い方をしたらいいか、どういうシステムをつくりどんなプログラムをつくればよいか、など、お客様への指導、教育に行くわけです。ちょうど一〇年やっていました」

「そこでも自分に適した仕事に出合えるなんて幸せなことですね。でも、サラリーマンになったということですよね。中学生の頃から、なりたくないなと思っていたサラリーマンに！」

「そうなんです。一生、自分はこのままサラリーマンでいいのかと悩み始めました。しかし、一九六五（昭和四〇）年に結婚して、子どもも女の子が二人生まれていました。一九六二（昭和三七）年、兄は『浜かつ』を創業し、弟が二人、そこで働くようになっていました。弟二人が手伝って『とんかつの浜かつ本店』がオープンしたわけです。それから一〇年くらいした一九七二（昭和四七）年頃、兄から一緒にレストランをやらないかと声がかかったのです。でも、当時の僕はコンピューターのSE（システムエンジニア）の仕事が面白かったし、当時は花形のビジネスでもあったので、興味がないといって、断っていたのです」

「では、なにがサラリーマンを辞めさせる理由だったんですか？」

「一九七三（昭和四八）年頃ですかね、景気が悪くなったのですよ。経費削減、残業禁止、しかし仕事は忙しく、家に帰っても夜遅くまでプロポーザルの作成など、仕事をしていました。徹夜でシステム提案書の作成もよくやりました。ちょうどその頃、兄から、再度声をかけられました。以前から誘われているし、じゃあ一度兄の会社を見に長崎まで遊びがてら行ってみようかと。行ってみたら、すごく面白そうだったのですね。それでも『俺はとんかつ屋のオヤジにはなりたくない』と兄にいったら『長崎ちゃんぽんのチェーンレストランをやるのだ。一〇〇店くらいつくりたい』というわけです。『同じ店を一〇〇店つくるためにはすべてをシステム化しないといかん。お前はシステム課にいるのだから、システムのことはわかるだろう。ちょうどいいじゃないか』と口説かれました。大きな方向転換ですし悩みましたが、翌日、名古屋に帰り、家内と相談して、日立を退職することに決めました」

「それが、一九七四（昭和四九）年、三六歳のときですね。SE時代に身につけた技術の中で、『浜かつ』やリンガーハットの仕事に活きた部分はありましたか？」

「多少は、論理的にものを考えるという癖が身についていて、それが役に立ったように思います。プログラミングやシステム設計という仕事ばかりやっていましたから。また、SEのとき、お客様に言葉で説明してもなかなか伝わらなかったり、その場ではわかってもらえたようでも、結果的にはわかってもらってなかったりすることが多くありました。それを改善するため、伝えたいことを、資料にわかりやすくまとめ、配布して説明をしていました。それこそ一〇年くらい、そんな作業を毎日やっていたわけです。ですからその後、リンガーハットを立ち上げてからも、社員を集めて仕事の内容を具体的に説明しなければならない場合には、その習慣がとても役に立ちましたね」

「たしかに、料理を作って売るという作業の中だけではなかなか身につかない習慣かもしれません」

「そうだと思います。今、講演会や会社内で説明が必要なときはパワーポイントを使っています。初めてパワーポイントで説明を受けたとき、『俺もアレを使いたい！』と思い、すぐに取り入れました。実は船を下りてコンピューターの仕事をやるまでの間、シナリオライターになりたくて、シナリオ作家教室というところに通っていました」

「えっ、それはまたずいぶん方向が違いますね」

「映画全盛の時代ですから、シナリオ作家協会がシナリオライターを育成するための教室を東銀座の松竹本社の部屋を借りて開いていたのです。半年くらい通っていました。映画のシナリオライターや監督を育成するための教室でした。自分の伝えたいことを文字や映像で表現するということをやりたかったのかもしれません。そのとき学んだことは、店の中の作業もわかりやすく文字で表現したい、それで理解を深めてもらいたい、というときに役立ちました。実際、そうしなければ大勢の社員が、同じ方向に進むことはできなかったと思います」

「本当に多才でいらっしゃいますね」

「一度船に乗ると、何十日も何ヵ月も海の上ですから、本をたくさん買い込んで読んでいました。自分の船室の引き出しには、本ばっかり入っているという状態でした。船に乗っているとき、時間を見つけては本を読んでいました。そこから、自分でも本を書いてみたいなと思うようになった時期もありました」

「そうだったんですね……」

「ですが、シナリオライターで食っていくためには才能も必要だし、とても大変です。私の場合は、船を下りた後、コンピューターの話もあって、二つの選択肢の中からコンピューターの世界を選んだということです。今でも新聞などに原稿を寄せたりすることがあります。いつも初めはなにをどう書けばいいのか悩みますが、書き始めると少しずつ、文字が出てくる。三行が一〇行になり、だんだん考え方がまとまってくるということはあります。文字にするということは、考えをまとめるために大切なことだと思います。リンガーハットを始めた頃から、とにかく文字にまとめて社員に伝えることはとても大事だと思っていました。口頭で伝えても証拠が残らないし、『言った、言わない』の世界になってしまうのです。それは私の仕事の選び方にも共通しているかもしれませんね」

中学、高校時代の夢が叶い無線通信士として外国航路の船に乗船する暮らしが始まる。写真は1958年ニューヨーク航路に就いていた君川丸で。当時の話の中に、往路にはフィリピンの砂糖をバラ積みしてアメリカへ、帰路はそこに石炭をバラ積みして戻ってくるといったエピソードも。

第五章　世界に通用するチェーン店をつくりたい

「手伝ってくれないか」。兄の言葉で飲食の世界に。
その兄の死で事態は急展開を迎える。

「実は私、子どもの頃によく家族でリンガーハットを利用していたんですよ」

「そうですか。ありがとうございました。どちらの店舗でしたか」

「多摩ニュータウンのお店です。一九八三（昭和五八）年くらいでしょうか。お店のお姉さんがお料理をワゴンで運んできてくれるのが、すごく面白かったのを覚えています。お店の真ん中にレールが敷いてあって、できあがった料理をワゴンに載せるのが席から見えるのです。『次、私たちのテーブルにくるよ！』なんていいながら、家族で楽しく見ていた記憶があります。リンガーハットは外食産業チェーンの先駆けだったわけですよね」

「そうですね。レールを敷いた店舗は九州、東京で二〇店舗以上つくったように記憶しています。ひとりでたくさんの料理を運べる画期的な仕組みでしたが、いろいろ問題が出てきて途中でやめました。日本でファミリーレストランの先駆けといえば、一九七〇（昭和四五）年に一号店を出された『すかいらーく』さんで、リンガーハット一号店ができたのがその四年後、一九七四（昭和四九）年です。実は一号店をオープンさせた当時、僕たちは『すかいらーく』を知らなかったのです。当時『すかいらーく』は東京にしか店舗がなく、長崎を拠点に店舗を構えていた僕たちはまだ見たことがなかったのです」

「長崎でリンガーハットが生まれるキッカケはなんだったのでしょう」

「もともとは、僕の兄、米濱豪が一九六二（昭和三七）年に創業した『浜かつ』という店が始まりです。一九七三（昭和四八）年に『株式会社浜かつ』から『株式会社浜勝』に社名の文字を変えています。浜勝は創業から一〇年で、とんかつ店、県庁食堂の運営、うどん店、結婚式場、さらに豚まんの店など、全部で一〇店舗ほど構えました。ただ、一店一店それぞれの業態が違っているので、多店舗展開をしていくうえで非常に効率が悪かった。メニューが違えば材料も違う、調理方法が違えば働く人の仕事内容も違いますから、社員教育も店ごとに変わります。さらに店舗を増やしていくという視点から見ると今のままでは限界がある。そこで、長崎名物のちゃんぽんをメインにして、チェーン展開をしたいと、兄が考えたわけです」

「なるほど。でも、とんかつやうどんではなく、なぜちゃんぽんになったのですか」

「ちょうどその頃、北海道ラーメンをメインにした『どさんこ』が全国展開を始めて、長崎にも出店してきました。しかし、兄からすると、北海道ラーメンが全国に展開できるなら、長崎にはもっとおいしいちゃんぽんという郷土料理があり、それを全国に広げることができるのではないか。できればチェーン展開して、将来は一〇〇店舗つくりたい、と思ったようです。僕は当時システムエンジニアとして日立製作所の名古屋営業所で仕事をしていたのですが、所属していた部署がシステム課でした。チェーン店を運営するためにはすべての業務をシステム化する必要がある。君はシステム課にいるからシステムがわかるだろう。君は適任だと思う、と兄に長崎に来るよう説得されたのです。兄は当時、雑誌『商業界』主催の『商業界ゼミナール』に毎年参加していて、有名な経営コンサルタント、渥美俊一《あつみしゅんいち》先生のチェーンストアに関する講義を何回か聞いていました。ちなみにその後、私は渥美先生が主宰する『ペガサスクラブ』に入会し、チェーンストアとはなにかを徹底的に勉強することになります。しかし、『浜かつ』の子会社として『株式会社サン・ナガサキ』を設立し、長崎ちゃんぽんの店をスタートしたときには、渥美俊一先生のことはまったく存じませんでした」

「では、米濱さんはお兄様と一緒に浜勝で働かれていて、その後別の会社を興してお仕事をされたのですね。ということは、飲食店に携わったご経験はなかったのですか？」

「飲食に関して僕はまったくの素人でしたから、多くの店に通って、おいしいちゃんぽん、ラーメンのスープを見つけることから始めました。台湾に一週間行って中華料理の勉強をするなど、料理の作り方も一から勉強しました。『アリアケ』という会社と一緒になってスープを開発しました。どんな店にしたら従業員が作業しやすいかなど店舗設計に関しても、たくさんの店を見学に行ってレイアウトや色づかい、照明器具の使い方を研究し、一店目をつくりました」

「リンガーハットという店名の由来はなんなのでしょうか」

「およそ一〇〇年前、長崎で貿易商を営んでいたイギリスの商人フレデリック・リンガー(*6)さんのお名前を使わせていただいたものです。『ハット』とは帽子のことじゃなくて、ヒュッテからきた『小さな家』という意味です」

「著名な実業家からお名前をいただいたというわけですね。そうして記念すべき一号店がで

＊6 フレデリック・リンガー：一八三八～一九〇七年。一八六三(文久三)年、イギリスの会社で茶の検査官として働いているときに、トーマス・グラバーに乞われてグラバー商会に入社。一八六八(明治元)年、グラバー商会の後を引き継ぎ、E・Z・ホームとともにホーム・リンガー商会を設立し、長崎の貿易品である緑茶の輸出を行い、イギリスからは、工業製品や毛織物、洋酒などの輸入販売を業務とした。

き、長崎から全国に、そして世界に店舗を増やしていくことになるのですね」

「ただ、物事はそう簡単には進みませんでした。最初の困難は、兄が一九七六（昭和五一）年の三月に肝臓ガンで余命六ヵ月と宣告されたことです。結局、六ヵ月もたなかったですね。八月六日、宣告されて五ヵ月で亡くなりました」

「ちょうど、お店も忙しい時期だったはずですよね」

「そうです。夏休みに入った直後の店が一番忙しい時期でした。兄が亡くなったのは四四歳。僕はそのとき三八歳。僕よりも前からずっと、兄の事業を手伝ってきた弟の和英は三三歳でした。僕が兄に呼ばれて長崎に行ってから、ちょうど二年後のことです」

「お気持ちとしても、仕事の面でも、かなりご苦労があったのではないですか？」

「そうですね……。チェーン展開を目指すには、まず『標準店』といわれる、その後のビジネス展開の基礎になる店をつくらなくてはならないと渥美先生から教えられました。一号店、二号店、三号店というのはまだ手探りでやっているような状態でしたが、標準店にあたる四号店ができ、さぁ、これから店舗数を伸ばしていこうと意気込んでいた矢先に兄が亡くなりました。今考えてみると、兄は『お前たちの好きなようにやれ』といい残して逝ってくれたというような感じもするわけです」

「亡くなったときお兄様は四四歳ですか。お若いですよね」

「本当に……。兄は二〇代の頃、酒で肝臓を壊して肝炎になっていて、僕が長崎に行った頃はもう酒をやめていたのです。宴会に行っても『俺は一滴も飲まん』といって、杯を伏せて飲まないようにしていたのですが、肝炎が進行してガンになったのでしょうね」

「突然、会社の社長であり一族の大黒柱が亡くなったわけですから、その後の事業拡大に関してもかなり大きな痛手だったと思います」

「兄が亡くなったときは、創業者が亡くなったのだから、もうあそこはダメだといわれました。僕も弟も若かったし、あの会社はもう潰れるよという感じでいろいろいわれていたようです。銀行でも『あの会社はもうダメになるかもしれない』などと思っていたのでしょう、そんな噂がずいぶん出たようです」

「お兄様が亡くなった半年後の一九七七（昭和五二）年の三月には、『株式会社浜勝』と『株式会社長崎ちゃんめん』を合併されていますね。弟の和英さんと一緒に新しい会社を立ち上げたということですよね」

「そうです。当初、ちゃんめんの会社『サン・ナガサキ』と『浜勝』とは別会社でした。兄が両方の会社の社長をしていまして、僕は『サン・ナガサキ』の専務取締役・フランチャイズ本部長という肩書きでした。弟の和英は浜勝の専務取締役でした。兄が亡くなった後、今後の事業展開として、とんかつの店を伸ばすか、ちゃんめんの店を伸ばすかを弟と話し合いました。その結果、ちゃんめんのほうが伸ばしやすいだろうという結論に達しました。ですから会社を一つにして、僕と和英、二人が共同でちゃんめんの店を伸ばしていこうじゃないかということにしたわけです。兄弟でやると、二人が喧嘩して会社もおかしくなるという例が過去にいっぱいあったので、兄弟が一つの事業をやるということは問題ではないか、とアドバイスをしてくれた人もいたのですが、まあ俺たちはなんとかやれるんじゃないのかなと思い、共同でスタートしました。ちなみに、当初は長崎で作られていた長崎ちゃんぽんと差別化し、現代的にアレンジしたという意味で長崎ちゃんめんとしていましたが、福岡に出店するときから長崎ちゃんぽんとしました」

「兄弟で会社を経営していくというのも、互いの距離が近いぶん、難しさはありますよね」

「そのためというか、喧嘩をしないように（笑）、お互いの拠点は別のところにしようということで、長崎の中でも事務所は別々にしていました。毎日顔を合わせないように。それから、僕は長崎で一一店舗出したら次は福岡に進出すると決めていました。ですから、長崎のほうは全部弟に任せて私は福岡へ行きました。結果、僕は福岡に事務所を持って、自宅も福岡に引っ越しましたので、弟と離れることになりましたね」

「ほどよい距離感を保たれたわけですね」

「しょっちゅう会って打ち合わせはするんですけどね（笑）。そしてさらに、福岡に二〇店舗ほど出店した後は、東京進出のため、弟に九州全部を見てくれと頼んで、僕は東京へ行きました」

「なるほど。一気にお兄さんが目標としていた一〇〇店舗への階段を上っているように思えますが……。さきほど、長崎で一一店舗とおっしゃいましたが、この一一という数字にはなにか意味があるのですか？」

「これは、まずは一つのエリア（専門的には商勢圏）で一一店舗をつくらないと、多店舗展開をするときに本当に超えるべき課題が出てこないというのが渥美先生の教えでした。一〇〇店つくるということはそう簡単ではありません。二店舗、三店舗は誰でもつくれますが、まずは一一店舗を一つのエリアにつくる。そうするとさまざまな問題が生まれてくるので、これをクリアして一つのスタイルを生み出さないと、広く全国、世界でチェーン化はできないということを教わりました」

「重要な意味があるのですね」

「なので、まずは長崎というローカルチェーンで一一店舗つくる。そうしたら次は、福岡というローカルチェーンで一一店舗以上出店する。すると、九州という地域でリージョナルチェーンになったといえます。そのリージョナルチェーンというのが、全国で二つか三つできれば、ナショナルチェーンといってもいいというのが、渥美先生の教えでした。渥美先生がいうところの『チェーン』とは、北海道の札幌に一店、仙台に一店、東京に三店、大阪に一店といった展開のことではないというわけです。一つのエリアに一一店舗以上つくらなければ、チェーン展開とはいえないと」

「すごいですね。そのような考え方で店舗が展開されているとは知りませんでした」

「この考え方は、『セブン-イレブン』が最初に店舗展開したときにも使われています。たしか最初の一号店は東京江東区の豊洲に出されました。それから、一〇店以上になるまで、江東区から一歩も出られなかったと思います。特定のエリアに集中的に出店して、知名度を上げ、経営効率を高める。それが、チェーンストア経営の重要な出店戦略です。各県、各エリアに一店舗ずつパラパラあっても、チェーンストアとして成り立ちません。店舗がまとまらないと流通一つとっても効率が悪いわけです」

「チェーンストアにはチェーンストアの、成功する法則があるのですね」

「そのほかにも、お店のキャラクターをつくったり、『うまくて安くてボリュームたっぷり』と、わかりやすいキャッチフレーズをつくって、それをうまく前面に出したり。店舗のつくりも改良しながら、全国展開につなげていきました」

日本で暮らすことのできない船舶通信士の仕事から、ソフトウェア会社に転職して、コンピューターのプログラミングとシステム設計を学ぶ。その会社はやがて日立製作所に編入される。安定して面白いと感じた仕事の中で結婚。しかし、このままサラリーマンでいいのか？　と自問が始まる。

第六章　一店舗でこんな状態では、とても二号店はできない

小さな店でもやるべきことは山ほどある。
それらが一つでも機能しないとお客様に迷惑をかけることになってしまう……。

「記念すべき、第一号店についておうかがいします」

「オープンしたのは、一九七四（昭和四九）年八月一三日でした。長崎市の郊外、諫早市《いさはやし》から長崎市に入る国道三四号線の日見トンネルに入る手前、左側のカーブの外側にオープンしました」

「これは、米濱さんが『浜勝』に入社されてどれくらいの期間がたってのことですか？」

「僕が長崎に行き、『浜勝』に入社したのは一九七四（昭和四九）年の四月はじめでしたので、ちょうど四ヵ月後くらいですね」

「一号店から、あのとんがり屋根だったのですか？」

「そうです。長崎に『大浦天主堂《おおうらてんしゅどう》』（＊7）という有名な教会があり、その塔の部分をモデルにしました。この塔のある店をほかの町に出店した場合、長崎をイメージさせるシンボルとして目立つだろうと考えたからです。店のサイズは小さくつくりました。総面積三〇坪でしたが、半分は店で半分はセントラルキッチンというつくりにしました。ほかの店にもこの店から食材を供給できるように……、ということを考えました。まだ一店舗しかない頃に一〇〇店舗を想定して店をつくりましたね」

「特にこだわった部分はありますか？」

「やはり特徴は『一〇〇店舗になっても味が均一である』ことです」

「それは、具体的にはどう工夫されたのでしょうか」

「たとえばスープです。通常、長崎ちゃんぽんやラーメンの店では、各店のキッチンで豚や鶏の骨を煮込んでスープを作ります。しかし、スープは煮込んでいると時間とともに味が変わってきます。そのため、同じ店で作ったスープでも朝と夕方では味が変わってしまいます。それを一定に保つのはかなり難しく、相当の技術が必要になってきます。いずれは一〇〇店舗展開を、と考えたときに、各店で作っていたのではとうてい味の均一化はできっこないと思いました」

「たしかにそうですね」

「外部でスープを作り、それを店に運んで使うことにしなければ、多店化はできないと考え

＊7　大浦天主堂：長崎県長崎市にあるカトリック教会堂であり、一八六五（元治二）年に建立された日本最古の現存するキリスト教建築物。正式名は日本二十六聖殉教者堂。

ました。そこで、スープベースを作る会社を探し、『とんこつスープの素』を作ってもらうことにしたのです。最初、その工場で作られたものを試食したのですが、残念ながらあまりおいしくありませんでした。豚の骨、鶏の骨だけではなく、たまねぎ、人参、キャベツなど野菜を加えて煮込んでもらうことにしました。すると、野菜を加えることでスープがまろやかになり、独特の動物臭を軽減することもできたのです。五月頃から八月のオープンまで、何回も何回も材料を変えては作り直してもらい、ようやく、最終の味を決めることができました。それを濃縮してペースト状にし、店に納入してもらい一定量のお湯で溶けば、いつ食べても味の変わらない『とんこつスープ』にすることができるという仕組みにしました。とんこつラーメン店の前を通ると、独特のいやな臭いがすることがありますよね。とんこつスープを店で作ると骨を煮込んだ後のいやな臭いが店にしみつくのです。私はそういう店にはしたくありませんでした」

「基準はいつも、一〇〇店舗展開したときを想定したものなのですね」

「そうです。メニューは長崎ちゃんぽんをメインとし、餃子をサブにしました。同じ材料でできる中華どんぶりを加えました。飲み物はフレッシュなレモンを絞ったレモンジュースとビール、日本酒だけでしたね。メニューアイテムは全部で六つでした」

「当初、皿うどんはなかったのですか?」

「ありませんでした。皿うどんやジャージャー麺など、いろいろ考えてはいたのですが、もう、ちゃんぽん一品出すのが精一杯でしたね」

「オープン当日、お店の中はどんな状態だったのですか?」

「とにかくお客様がたくさんいらっしゃって大混乱。従業員はみんな慣れていないので、ちゃんぽんを作るのも遅いし作っても作っても追いつかない。人も足りない。本当にてんやわんやでした。来店客が多すぎて仕込んでいた食材が途中で足りなくなってしまいましたね」

「オープンから満員ですか! ということはやはり、立地が良かったのでしょうか?」

「それもあったと思いますが、お店がオープンしたのが八月一三日のお盆だったので、ちょうど帰省のタイミングにピッタリはまったのです。交通量の多い道路沿いに店をつくったものですから、かなり多くのお客様が立ち寄ってくださいました。そうしたらもう、オープンから二、三時間でまず材料がなくなってしまって……。店を手伝ってくれていたすぐ下の弟に、『もやしを買いに行ってくれ』と頼むのですが、買いに行ってもお盆なので開いている店がほとんどない。やっと見つけた八百屋さんも、もやしを全部売ってくれというと、『全部持って行ってもらっちゃ商品がなくなるので、ほかのお客さんに迷惑がかかる。これだけしか売れない』といわれる始末で……。そんなこんなで、もうとにかく大変でしたね」

「てんやわんやする店内が目に浮かぶようです（笑）」

「調理するほうも、最初は丁寧に作っていたんだけど、お客様がたくさん来られたら、調理が荒っぽくなってしまいました。それに、鍋に入れる豚肉や野菜の量も最初は計っていませんでした。三人前といったら目分量で食材を鍋の中に入れる。そして三つのどんぶりに適当に分けて盛る。だけど、なんとなく盛りが少ないと感じると、全体的に少しずつ多めに盛ってしまうわけです」

「そうすると……、自然と大盛りになるわけですね（笑）」

「お客様のほうは『いやあ、値段が安いのにこんなに肉や野菜をたっぷり盛ってくれて、これはすごい店ができた』って長崎で評判になりました。その後もいっぱい来てくださるようになったのです。が、一ヵ月経って計算してみるともう材料費を使いすぎて……」

「いざ、食材費を計算してみたら、使いすぎていたと」

「そうです。このままのペースで材料を使ったら、店の経営が立ちゆかなくなる。それくらい使いすぎていたので、もうちょっと盛りを減らそうということになりました。減らすというより、標準に戻したのです」

「ようは、当初の計画どおりにしようということですよね」

「はい、ちゃんと一人前、計って調理しようと。ですが、その方法でやり始めたらお客さんから『もう減らしたんか』とクレームがありました。ずいぶんクレームがありましてね。『あの盛りはオープンしたときだけか』とか『すぐに減らすんだなぁ』なんていわれまして……」

「客を呼ぶために、最初だけサービスしてるのか、と」

「もちろん、そういうつもりじゃなかったんですけど。それでもお客様の声を受けて、なんとかボリュームたっぷりというのは維持しようとしてやってきました。そのあたりが一つリンガーハットのウリにつながったのです。まぁこれは〝ケガの功名〟みたいなものではありますね」

「そんな偶然から、商品の魅力が一つ生まれたわけですね」

「そうなんです。あと、オープンからしばらく頭を悩ませたのが、社員を集めることですね」

「どういった意味で大変だったのでしょう?」

「最初の頃は社員を募集しても、ほとんど誰も来ませんでした。来ても下駄ばきでタオルを首に巻いて『ちわー』って面接にくるような方が多かったですね。ほかの店で調理師をやっていたり、レストランで働いていた方が来るのですが、そういう方を採用しても、あまりにも忙しくてすぐ辞めてしまうんです。一番ショックだったのは、オープン当初の店長です。これは大学卒で陸上部に所属していた体育会系の人物でした」

「なんだか、根性がありそうな人材ですね」

「そう。四月に採用して、クルマの運転も教えるために僕のクルマを貸して、免許を取らせたんですけど、八月にオープンしたとたんに『もうこんな忙しい店、やっとれん』といって、辞めてしまったのです。あれはショックでした。その後、昔漁師をやっていた方とか、ほかの中華レストランで働いていた方とか、何人か真面目な方が入社してくれて、そういう人たちを中心になんとか頑張りました。なかには、後に取締役になってもらった人もいます。現場を離れた今でも、まだ付き合いがある人もいますね。本当に、その人たちが最初の苦しい頃によく頑張ってくれました。そして、一号店オープンから四年後の一九七八(昭和五三)年に大卒の社員をたくさん採用することができました」

「やはり立ち上げには、さまざまなご苦労があるものですね」

「店がスタートした段階では、知名度もないし、はたからみれば小さなちゃんぽん屋ですからね。求人の募集広告を出しても、いろんな人が応募してきました。まだ一店しかないのに、店の壁に『一〇〇店目標』と書いた紙を貼っていたのです。そうしたら面接に来た人が『えっ一〇〇店もつくるんですか?』って(笑)。まぁ、それはそうですよね。まだ店の中はガタガタの状態でしたから」

「オープン当初は米濱さん自身も、店舗に立って働いていらっしゃったわけですものね。出店の準備もされて、調理もして接客もして、経営もする……」

「オープン当初は、朝七時から夜の一二時くらいまでぶっ通しで毎日働いていました。家内も、店に来て餃子を包んだりしていましたよ」

「奥様が餃子を！　ご結婚されたときにはSE（システムエンジニア）だった旦那様が、気がつくとちゃんぽん屋さんになり、ご自身も餃子を包むことになるとは。奥様はちょっと、『話が違うわ』と思っていたかもしれないですね（笑）」

「それはもう感謝しかありませんね。結婚して子どもが小学校に入ったくらいの頃に、名古屋から長崎に移ったのです。実際は長崎の隣の諫早という市に引っ越しました。子どもは女の子二人なんですが、夕方になってもお母さんは帰ってこないし、食べる物もないしで、ジーッと家の前で座って待っていた、なんてこともあったようです。家内は亭主がやっている商売を手伝わなければならないために、子どもたちを放ったらかしにするような状況もあったわけですね。店が何店かできてからも、食材の緊急運搬や配送容器の回収などいろいろと手伝ってもらっていました」

「なるほど。やはり、一店舗目を出すだけで、改善しなくてはならないさまざまな点が見えてきたということですね」

「一店舗でこんなに苦労していては、とても二号店はできないと思いました。パートさんが勤務するシフト表の作成や、材料切れが起きないような材料発注の仕組み、仕込み数量の決定方法や、清掃の役割分担、売上金の管理等々。小さな店でもやるべきことは山ほどあります。それらが一つでも機能しないと、お客様に迷惑がかかり、サービスが悪い、商品がおいしくない、店が汚れているとなってしまう。店舗にかかわるすべての作業をシステム化し、どこよりもおいしくて、安い長崎ちゃんぽんを提供することに集中しよう。そういう目標を掲げて、社員と一緒になって仕事をしました」

現在に続く第1号店のオープンは1974年８月。長崎市の郊外、国道34号線沿い日見トンネルに入る手前の左側カーブ外側という立地を選んだ。クルマで来たお客さんが入りやすいようにと、すべてお客さんの利便を検討した結果つくった店だった。

第七章　東京進出には覚悟が必要だった

東京といっても、渋谷や新宿ではなく郊外ならば、長崎や福岡と一緒じゃないかと発想を変えた。

「長崎で一一店舗出された後、福岡に進出というのは、佐賀県をはさんで近くにある同じ九州の県ですし想像がつきますが、その次には一気に東京に進出されたというのは、ステップアップの一歩が大きいように感じました。当時、東京には『ちゃんぽん』という文化はなかったのですよね？」

「ありませんでしたね。店のパートさんが『私の主人は牛乳の入ったラーメンは食べたくないといっているのですよ』と、とんこつスープのことを牛乳入りのスープと思っておられるような状態でした」

「ちゃんぽんという料理が知られていない場所で、しかも日本で一番競争が激しいであろう東京に進出されるにあたっては、相当の勇気が必要だったと思います」

「そうですね。ちょうど福岡への店舗展開を視野に入れていた頃、東京の日本フードサービス協会という組織の理事会に出席することになったのです。この会は、レストランの経営者が毎月一回集まり、理事会を開き、勉強会もやるというものでした。それに兄が入っていたのですが、亡くなったため、代わりに僕が行くことになりました」

「福岡に進出する前の段階で、月に一回は東京に行ってらっしゃったんですね」

「そうです。その会に行くと、それこそ『すかいらーく』の会長や『不二家』の社長など、大手飲食チェーン店のトップに会うことができました。ここで大きな刺激を受けましたね。たしかに九州からすれば、東京よりも近くに大阪があります。しかし、やはり東京だと思いました。東京で成り立つ店をつくらないと、会社としても一人前になれない全国展開もできない、そう強く思って東京進出を決意しました」

「しかし、相当思い切った決断でしたね」

「覚悟というか、決意がありましたね。一九七九（昭和五四）年に東京に進出するときは、東京のどこに店を出すべきか、どこへ展開していくべきか、非常に悩みました。我々なりに調査もやりました。『すかいらーく』や『デニーズ』がどこに店を出しているか、『マクドナルド』はどうか。でも、うちは大手ではないし、なにしろ東京で初めての出店ですから、ど真ん中から攻めても難しいだろうと考えました。そんなとき、千葉や埼玉の郊外は、山があって田んぼがあって、九州によく似ているなと気がついたのです」

「たしかに似ているかもしれませんね」

「ひとくちに東京といっても、渋谷や新宿ではなく周辺都市ならば、長崎や福岡と一緒じゃないかと発想を変えたわけです。それに、人口も多かったのです。当時、東京郊外はニュータウンがどんどんできて、いわゆる公団住宅が次々建てられていました。そこには、ちょうど三〇代くらいの若い夫婦で、お子さんが小学生、中学生という方々が多く住んでいたのです。その人たちが来てくださる店をつくろう、と」

「都内よりも郊外のほうが、米濱さんの狙いに適した場所だったわけですね」

「最初からファミリーが狙いだったということもあります。ファミリー向けの店づくりをし、その方たちに合ったメニューづくりをしました」

「ですが、『ちゃんぽん』という文化のない場所でちゃんぽんという商品を売り出すわけですから、かなりご苦労があったかと思うのですが」

「工夫はしました。もともとちゃんぽんとは、長崎の中華街にある四海樓《しかいろう》というお店からスタートした食べ物なのです。長崎や佐世保には、昔から『長崎ちゃんぽん』の小さな店がたくさんありました。ですから、どうしても中華のイメージが強かった。そこで我々は、チェーン化するにあたり中華のイメージを一切なくそうと決めました。それでリンガーハットという名前もつけたわけですけれど」

「たしかにそうですね。リンガーハットと聞いても、中華的な雰囲気はありませんね。でもなぜ中華の雰囲気を消さなくてはならなかったのですか？」

「当時、長崎ちゃんぽんの店というのは小さな家族経営の店が多く、清潔な印象があまりありませんでした。チェーン展開を目指すためにはそれを払拭したかったのです。店内もアメリカのコーヒーショップスタイルにしましたし、働く我々のユニフォームもアメリカっぽい、マクドナルドのようなイメージにしました。商品は『ちゃんぽん』だけれど、マクドナルドスタイルで売り出すことにしたんです」

「そんな狙いがあったんですね。しかし、翌年にはあっという間に首都圏エリアだけで九店舗構えられたと……。この勢いはすごいですよね」

「一所懸命やりましたね。一九七九（昭和五四）年の一〇月、埼玉に一店目の与野店をつくって、それから一年以内に渋谷の九号店まで一気につくりました。一〇店舗目ももうすぐ契約、というところまできていたのですが、ちょうどその頃、吉野家が会社更生法の申請をしたのです」

「吉野家は一度、事実上の倒産をしていますね。それが一九八〇（昭和五五）年」

「そう。私たちも頑張って九店舗出したけれども、ちょっと見直したほうがいいのかなという雰囲気になりました。一店目はよかった。二店目の川越店も、三店目の上尾店も順調だったのですが、六店目以降、目標の売上までいかない店舗も出てきたのです。それで本社のほうも心配して、一度出店をストップしたほうがいいのではないか、ということになりました。一回止まって足踏みしながら態勢を整えて、目標未達の店がよくなってきたら、また店舗を増やしていこうということにしました。それで一九八〇（昭和五五）年に、店舗展開をストップしました。その後は一九八三（昭和五八）年に横浜の港南台から出店を再開しました。その次に多摩ニュータウンに出店しました」

「では、私がよく行っていた多摩ニュータウンは」

「再開後の東京一店目ですね。たしか一九八三（昭和五八）年頃だったと思います」

「伸び悩んでいた店舗というのは、なにか原因があったのですか？」

「うーん……。交通量はありましたし、大学が近くにあったりして、悪くはない立地だと思っていました。ですがそのときは、周辺に住んでいらっしゃる方々が我々の商品を知らない方ばかりでした。四、五年してから、ものすごくいい店になりましたけれど、やはり地元の人に馴染んでいただくには相当の時間がかかると痛感しました。店への入りやすさももちろんあると思いますが、地元の人が来られるようになるには時間がかかるものですね」

「なるほど。少し話がそれるかもしれませんが、『長崎ちゃんぽん』という、長崎の名産というか、長崎という名前を全国区にする、地域のものを全国に広めるといった思いもおありになって、『ちゃんめん』ではなく、『ちゃんぽん』とされたわけですよね」

「そうですね、そのため当初、『サン・ナガサキ』という社名にしました。長崎の名産品を全国に広めたかったので。でも、実は当初始めた『長崎ちゃんめん』というのはもともとはフランチャイズなんです」

「え、最初はフランチャイズだったんですか？」

「弟の友人がやっているGという会社が、山口県にありました。そこはGという店のほかに『長崎ちゃんめん』という店も出していました。当時の僕は飲食業についてまったく知らなかったので、その店へ行って作り方などを教えてもらったのです。そのときにフランチャイジーにしてもらったのです」

「へぇ、少し意外でした」

「そうかもしれないですね。ただ、そこで出している商品そのものは、そのままでは長崎で売れないなという気持ちが強かった。ですので、いちおう『長崎ちゃんめん』という名前を使わせてもらうけれども、スープは変えることにしました。G社のちゃんめんは醤油スープでしたが、長崎のちゃんぽんはとんこつスープです。そこで新しいスープを開発しました。スープを新しく開発しようと思っていることも、G社には伝えてありました。そうして一号店のオープンに向けて、アリアケというスープの素を作る会社と共同で、何度も試作を繰り返しながらスープを作ったのです。長崎の人はちゃんぽんがなにかを知っていますから、うちの『ちゃんめん』を食べて、『普通のちゃんぽんとは一味ちょっと変わっているね』とか、『麺の茹で方も変わっているし、材料もちょっと変わっているね』と、いい意味で評価をしていただいて、それが受け入れられたのです。そうしたらG社が『うちにもそのスープを使わせてもらいたい』といってこられました（笑）。それで、『どうぞお使いください』といって、アリアケで作ったスープをG社だけには販売してもよいということにしました」

「え、逆に提供されるようになられた？」

「そうです。ただ、何店舗か出店した頃ですが、店どうしが競合することが予想されたので、フランチャイズの解消を申し入れ、別々に店舗展開しましょうということにしました。それでも、その当時はお互いに情報交換をしましょうと話していましたね。うちが開発したスープを使ってもらっていいし、とんがり屋根もそのまま使いたいとおっしゃるので、それも使ってくださいということで、お互いに円満に別れたのです。ですが、結局、福岡や東京では撤退され、今はある地域に限定して営業されているようです」

「そんなことが……」

「それから後は、似たような店ができては撤退していく、ということがよくありましたね。我々が長崎で店舗展開を始めてから一〇店舗目くらいで評判になったのですが、その頃には大分や熊本、鹿児島、福岡と、うちの店にそっくりな外観の店ができて、メニューもそっくり同じ『長崎ちゃんぽん』の店がいっぱいできたのです。さらに九州にとどまらず、全国にもこういう店ができ始めましたね。だから、これはなんとかしないといけないということで、当時一番酷似していた富山の店舗に行きました。あまりにもリンガーハットに似た店をつくっていましたから。そして東京の弁護士さんにお願いをして告訴しました。すると富山の地方裁判所が、これは裁判というよりも調停、示談でやるべきだとおっしゃって、両者が裁判所に呼ばれて、実際に類似店をつくった人に会ったんです。その後、先方が店を直しますということになったのですが、その話が地元の新聞社の知るところとなり、富山の新聞に大きく出たんですよ。富山の店は、長崎にあるリンガーハットの店のコピーで、現在裁判で争われているというようなことが大きく報道されてしまって……」

「それはすごいですね！」

「それがかなり、あちらのお店にダメージを与えたようでした。その後、そちらのお店はガタガタになってしまって、結局はなくなってしまいました。やっぱり繁盛店ができると、繁盛店の真似をする店がたくさん出てきます。そして、どちらが本物かわからなくなります。そのとき、本物というか最初にやった人がしっかりしていないと、潰されてしまいます」

「今の飲食業界でも、やはりありますか?」

「いっぱいあります。マクドナルドそっくりのお店、とかね(笑)」

「なるほど。一〇〇店舗を目指すには、予想もしない、いろいろな問題が出てくるものなんですね」

1990年に念願のアメリカ進出をはたす。写真は一番苦しいとき頑張ってくれたスタッフたち。店長のみが日本人であと20数名は全員メキシコ人だった。しかし、アメリカの店を軌道に乗せ、優良店に成長させるまでには20年以上の年月がかかった。海外進出はそう簡単ではない。

第八章　アメリカ進出への夢と現実

アメリカの店を軌道に乗せたかった。しかし、バブルが弾けて日本の親会社自体が危機的な状態になってしまった……。

「当初、お兄さんとつくっていた一〇〇店舗という目標。これを達成した後、米濱さんが次に目指したのはなんだったのですか?」

「実はかなり前から、日本で一〇〇店舗出したらアメリカに店を出したいと強く思っていました。海外への憧れはずっとありましたし、それと同時に、長崎の地元の食文化である『ちゃんぽん』をアメリカの人々に食べてもらいたいという思いもありました。一九八九(平成元)年にはカリフォルニアに移住して、その一年後の一九九〇年に、アメリカ一号店をオープンさせました」

「具体的に、アメリカ進出を計画し始めたのはいつ頃だったのでしょうか?」

「東京が五〇店舗を超えた頃から、『一〇〇店舗を超えたら、俺はアメリカに行くから日本は全部見てくれ』と弟にいっていました。福岡証券取引所に上場した一九八五(昭和六〇)年頃から真剣に考えるようになりました」

「弟さんはすんなり賛成していらっしゃいましたか?」

「そうですね。一九七六(昭和五一)年からほぼ毎年、ペガサスクラブの渥美俊一先生が率いる、アメリカ研修旅行に行っていましたから、弟にとってもアメリカ進出がそんな突拍子もない、ひょうたんから駒が出るような話ではなかったと思います」

「アメリカというとチェーンストアビジネスが盛んなイメージがありますが、研修で毎年のようにアメリカの現場をご覧になって、出店に対しての意識は変わりましたか?」

「軽い考え方では成功しない。トップが先頭を切って行き、万全の態勢を組まないといけないと思いました。アメリカに永住するつもりで太平洋を渡り、絶対に成功させるんだと意気込んでいました。当時、東京では八王子に住んでいたのですが、八王子の家の中のものはすべて、ピアノ、書籍、書棚、家具、その他、あるもの全部を人にあげて空っぽにして、家は人に貸しました。持って行ったのは子どものアルバムと、小さな段ボールに入るだけの日記帳や書類、わずかな洋服。それで引っ越したのです。アメリカで新しい生活を始めるのだと」

「もう日本には戻ってこない、という意気込みですね。アメリカへはどんなメンバーで行かれたのですか?」

「向こうに一〇〇店舗つくるつもりでしたので、人事担当、工場担当、店の運営担当と総勢九家族で行きました。それぞれ所帯持ちばかり。うち二人は奥さんが日本人というアメリカ人です。リンガーハットの社員はみんな英語ができないので、店長にはアメカ人を起用することにしました。アメリカ人を東京で二人採用してうちの店で研修をしてもらい、アメリカへ行ったら店長をやってもらおうということにしました」

「店長さんは日本人というわけにはいかなかったのですね」

「今でもそうですが、当時もアメリカは失業者が多く、厳しい就業のルールがありました。日本食を指導する人は日本人でいい。しかし、店長以下、店の中で接客をしたり、料理を作る人は現地の人を雇用しなさいと。そのため、こちらからワーカーを送るわけにはいかず、ワーカーの上のクラス、指導をする人を日本から連れて行きました。ですから、日本から一緒に行った二人のアメリカ人のうち、ひとりには副社長になってもらい、もうひとりのアメリカ人には店長になってもらいました。副社長は私が通っていた八王子の英会話スクールの先生だったのです。『僕はアメリカに行くことにしましたから一緒に行ってくれませんか?』って(笑)」

「ええっ、英語の先生にアメリカ行きを頼んだのですか?」

「そう。彼には日本人の奥さんと子どもが三人いました。さらにおばあちゃんも一緒にアメリカに移住しました」

「おばあちゃんまで！」

「ですから、大きな家を借りる必要がありました。アメリカに単身赴任するといろいろ問題が起きるというようなことも聞いていました。だから、社員は全部所帯持ちを選びました。奥さんも一緒に行ける人という社員ばかりです。全部で九家族、それぞれ子どももいたから、全部集まると三〇人くらいかなぁ」

「すごい、大移動ですね」

「ですから費用はかかりました。旅費も出して、家も用意して……。家も小さな一間ではなくて、子どもが二人も三人もいるわけですから、ベッドルームが二つか三つある家を用意して」

「全員に待遇をよくされたのですね」

「一〇〇店舗展開しようという意気込みでしたから。とはいえ、まずは四〇店舗くらいを目指して、麺の工場などもその規模でつくろうということにしました。それらの場所も借りてスタートをするわけです。しかし、まだ一店も出店していないときにみんなでアメリカに移住しているわけです。結局アメリカに移ってからオープンするまでに一年近くかかったので、その間は収入がなく、もう費用が出ていくばかりでした」

「収入はないのに三〇人ぶんの生活費！　ものすごい出費ですね」

「そうなんですよね。アメリカの生活に慣れていないとオープンしてから突っ走ることができない、と思っていました。でもオープンしたとたん、ものすごくたくさんのお客様が来てくださいました。宣伝が良すぎたのです。だけど一ヵ月したら、お客さんがガーンと半分くらいに減って、二ヵ月、三ヵ月したら、もう三分の一ほどになっちゃいました。もうガラーンとして……。メニューが『ちゃんぽん』と『皿うどん』と『チャーハン』と『餃子』、この四品だけだったというのもあるでしょう。日本の店舗とは違って小さな店ではなく、一〇〇席近い大きな店でしたから、赤字はけっこう大きな額になりました。東京に進出したときのように早く一〇店舗つくらなければ、ということで、二店舗、三店舗、場所を見つけて展開したのですが、ちょうどその頃に日本のバブルが弾けたわけです」

「そのタイミングで……。一九九二年くらいですか？」

「九〇年にオープンして、九一年、九二年と、続けて二号店、三号店を出したのですが、まだまだ利益を出せるような状態ではないというときにバブルが弾けました。そして今度は日本のほうが大変な状況になってしまったのです」

「国内はかなりダメージが大きかったのですね」

「そうです。僕はもう日本に帰らないつもりでアメリカに行っていましたから、なんとかこのピンチを乗り越えたかったのです。だけど、しようがなかったですね。『もう帰ってきてくれ』と日本からいわれました。赤字が出ているアメリカの店をサポートできない、と。僕の考えとしては、アメリカは一〇年くらい赤字だったとしても、とにかく店を続けていかないと先はないだろうと思っていたのです。ですから、その赤字くらいは日本からサポートしてくれという考えだったのですが、日本のほうは、とてもじゃないがそんなことはできないという状態に陥っていました。日本の会社自体が危機的な状態で、最悪の場合のことも考えておかねばならない、と。それで一九九五年、リンガーハットUSAを清算したのです」

「それは苦しい決断ですね」

「ただ、僕はどうしても、アメリカに灯《とも》したリンガーハットの灯《ひ》を消したくなかった。ですからリンガーハット本体の経営ではなく、私個人で店を続けることにしたのです」

「えっ、米濱さんが個人で、ですか?」

「そう。三店あった店のうち二店舗は閉めましたが、一号店は残しておきたかった。一〇年経ったら必ず、またリンガーハット本体がアメリカに店を出すという時期がくるから、それまでは個人的に店を維持しておこうと思ったのです」

「すごいですね。力技ですね。具体的にはどのように進められたのですか?」

「一緒にアメリカに行っていた社員の中に、アメリカに残りたいスタッフはいないかと尋ねたら、ひとり、営業担当の人間が『私は残ってもいいです』と申し出てくれました。そこで、『じゃあお金は俺が出すから、新しい個人会社の社長としてやってくれ』と、店の経営を彼に委託したのです。そうして、私は日本に帰りました。ですが、五年経っても経営状態は良くならず、赤字がどんどん増えていったのです。そして『お金が足りません、給料が払えません』といわれれば、個人的に資金を送る、その繰り返しでした。もちろん個人的なお金ですから、家内からは、『もうやめたほうがいいんじゃない？　いつまで続けるの？』と何回もいわれました。私たちは日本にいるため、しょっちゅう店を見ることもできず、元社員に頼んでいる手前、もうやめてくれともいえない。そんな状態を五年間ほど続けました。一九九五年から二〇〇〇年までですね」

「個人的に五年間も。それも苦しい状態ですね」

「そして二〇〇〇年に、もうこれ以上のサポートは難しいと判断して、アメリカの会社を麺の工場と店舗とに分けました。元社員の社長には、『資金は貸すので自分の会社をつくってはどうか』といって麺の工場を渡し、僕は店さえ残っていれば良かったので、家内に社長になってもらいました。家内は会社経営の経験も店舗運営の経験もないのに、一年に七、八回、アメリカに行って、そのつど半月ほどアメリカで仕事をしてもらいました。向こうの店長とミーティングを重ねたりしてね。なんとか店をキープしておきたいという思いだけでした」

「どうしても、アメリカのお店を残したかったのですね？」

「リンガーハットの役員内規では、会長職は六四歳で退任することになっています。ですから二〇〇三年に六五歳になってリタイアしたら、アメリカに半分くらい住むようにして、再度、店舗を展開していくから、それまでは家内に『行ってくれ』と頼みました。そのとき僕はまだリンガーハットの現役でしたから、年に何回もアメリカには行けなかったのです。代わりに家内がしょっちゅう行って、アメリカの家も店もキープするということをやってくれました」

「素晴らしい奥様ですね。その後、経営のほうはいかがでしたか？」

「売上はそこそこでした。やはり最初のうちは資金が足りなくて、お金を出したりしていました。本当に良くなってきたのは、二〇一〇年くらいからでしょうか。だから、会社を分けて一〇年間経ってだいぶ良くなってきたなという感じでした」

「一〇年間！　長いですね」

「私がリンガーハットをリタイアしてサンノゼに長期間滞在することができるようになったので、二〇〇五年に四〇万ドルかけて店を改装しました。その結果、売上が上がってきて、ようやく利益体質になりました。二〇一〇年頃ですから、最初のオープンから数えると二〇年経っていました」

「長い闘いでしたね。今はリンガーハットの店として営業されているわけですか？」

「そうですね。二〇一四年にリンガーハット本社が買い戻しました。利益体質になるまでに二〇年もかかったということは、いろいろな教訓を残しました。海外出店はそう簡単ではないと。おかげさまで、地元の方々に可愛がっていただける店になったといえると思います。アメリカ人も来られるし、日系の方々もよく来てくださる。最初の頃は日系の方に『いやぁ、ちゃんぽんなんて全然おいしくない。皿うどんはまあまあ食べられるけど』といわれる始末でした。それに、『メニューが少ない。ちゃんぽんと皿うどんだけでは一回来たら次にはなにを食べるんだ』なんていわれていました。なかなか、地元の方にリピーターになってもらえるということがなかったのです。それで、寿司、味噌汁、チキン照り焼き丼、トンカツなど、日本のリンガーハットにないメニューを加えていったのです。日本のリンガーハットからは、これはリンガーハットではない、などといわれました。しかし、地元に密着した店にするには、そうしなければならなかったのです。今、タイや香港、ハワイにリンガーハットの店を出していますが、メニューは日本のリンガーハットにないものをたくさん出しています。今、サンノゼの店は利益率も高いですし、売上も東京の店より高いくらいの、いいお店になっています」

「すごいですね。ぜひ行ってみたいです。やはり、二〇年かけても撤退しない、成功するまでやる、その思いが素晴らしいです。なみなみならぬ情熱を感じます」

「もう日本には帰らない、そのくらいのつもりで行っていましたから、あきらめたくなかったのです。家内はやめたらどうか、としきりにいっていましたが、いや、とにかくもう少し頑張ろう、頑張ろうといって粘り続けたということです」

1974年、リンガーハット1号店開店に合わせて諫早市に引っ越しをした頃の家族写真。システムエンジニアと結婚したはずの妻に、餃子の仕込みを手伝ってもらうなどいろいろと面倒をかけた。その後もアメリカの店の運営を手伝ってもらうなど、頭が上がらない。事業は家族の協力もあって初めてうまくいくという側面も大いにある。

第九章　店舗づくりや多店舗化の要諦を知る

どうやったらお客様に入りやすい店舗をつくることができるか、
それは私たちの経験則でつくり上げたもの。

「一号店オープンのときに、独自にスープの開発をされたとお話されていましたが、そのほかにもやはり工夫があるのでしょうか？」

「たとえば店舗内での作業の機械化です。餃子焼き器の場合ですが、最初の頃は大きな鉄の鍋に餃子を並べ、分厚い木の蓋をしてガスで焼いていました。ところが、ほかの作業に夢中になっているうちに、気がついたら餃子が真っ黒焦げになっていた、というミスがよく起きました。しかも一回焦がすと、今度は餃子の鍋が気になってしょっちゅう蓋を開けたり閉めたり……。とにかくまた焦がさないかと気になって、鍋にジーッと張りついてしまうことになるのです。お客様がいらっしゃっても、餃子の鍋の前から離れられなくなってしまったりするんですね」

「それは効率が悪くなってしまいますね……」

「そこで、厨房会社に協力してもらって自動の餃子焼き器を開発することにしました。鉄板の温度が何度になったら水を入れて、次は何分経過したらブザーを鳴らして、といった具合です。そうすれば、スタッフはブザーが鳴るまでほかの仕事に集中することができる」

「近頃ではよく見かけますが、調理ロボットの先駆けといえるのではないでしょうか」

「一九七四（昭和四九）年に一号店をつくったときに、すぐ思いついて考案しているんです。一九七六（昭和五一）年頃には完成して特許も申請しています。実際につくるのはやはり厨房会社でなければつくれませんから、どのタイミングで水を何cc入れるか、どういう状態になったらブザーを鳴らすかなど基本的な機能についてのアイデアは僕のほうから出しました。何回も何回も試作して、第一号の自動餃子焼き器をつくりあげました」

「それがあればどこの店舗でもミスなく同じ味の餃子ができますね」

「そうです。それから同じ味を提供するために大事なことの一つが、どこの店舗でも同じ材料を使用するということです。これを実現するために、佐賀県の鳥栖《とす》に工場を建てました」

「自社で工場を建設されるというのは大変な投資だったと思いますが」

「そうですね。たとえばキャベツ。ちゃんぽんにはキャベツをたっぷり入れるので、大量に準備しなければならないのですが、キャベツのカットを各店舗でやると、サイズが大きすぎたり、小さすぎたり、包丁で手を切ったりといったミスやケガがたびたび起きました。そういうトラブルがないようにマニュアルをつくって『こういう切り方をしましょう』と指導をするのですが、スタッフはプロの料理人ではなく、ほとんどがパートタイムで働く家庭の主婦でした。そう簡単に作業を均一化することはできません。それから、ときには、キャベツに虫が入っていることもありました」

「あぁ、たしかに。新鮮な野菜ならば仕方のないことですが、それは一回でも、お客様の前に出てしまったりしたらダメですよね」

「ですから、工場でカットしてきれいに洗ってパックして店舗に運ぶということにしようと。店舗にはもう、包丁やまな板を置かないようにしました」

「同じ味の商品を提供するためには、同じ材料を同じように使わなければならないと。そのためには自社の工場が必須だったわけですね」

「加えて、一、二店舗ではなく、大量出店のためには、同じクオリティの材料が大量に必要になるわけです。それで鳥栖工場の建設がスタートしました。これが各店舗に材料を供給する基地となったわけです」

「いずれは日本全国へ、となるわけですが、まずは長崎、福岡の店舗に材料を運ぶための供給基地ですね。なぜ鳥栖を選ばれたのでしょうか」

「九州は、北が福岡、南が鹿児島、西に長崎、東に大分、というきれいな縦・横の配置になっています。その真ん中に熊本があるのですが、熊本のちょっと北に佐賀県があります。長崎と大分を結ぶ東西の高速道路と、福岡と鹿児島を結ぶ南北の高速道路の交差点にあるのが鳥栖です。だからここへ工場をつくれば、九州全域に配送するのに便利がいいと」

「その場所ならどこの地域にも行きやすいというわけですね」

「そう。そして、その当時、できるだけコストを抑えようと、安い物件を探していましたら、昔、サイダーなどの清涼飲料水を作っていた工場が潰れて、何年もそのままになっているという物件が見つかりました。草が建物の中までボーボー生えているし、空きビンや空き缶がゴロゴロ転がっていて、もう廃墟のような状態でした。そこを買って工場を新しく建てたんです。幸運だったのは、元清涼飲料水の工場ですから井戸があったことです。新工場ではもやしの栽培もする予定でしたので、大量の新鮮な水を必要としたのですが、それが無料で手に入ることになったのです」

「しかし、大量の食材を一年中、安定して仕入れて店舗に供給するのはとても大変そうですが」

「そうなんです。さきほども話にあがったキャベツですが、最初一店舗のときには、八百屋さんから買ったり、市場で仕入れたりしていました。しかしだんだん店舗数が増え、消費量が多くなってくる。しかも一年中供給しないといけない。そこで、熊本の農協さんに相談して、契約栽培していただくということで年間契約をしました。毎日何トンずつ、この値段で買わせてくださいという契約です。それが、福岡に店舗を出した一九七八(昭和五三)年頃だったんですけれど……。キャベツが不作でできなかった年がありましたね」

「冷害ですか?」

「たしかそうだったと思います。キャベツがとれず、キャベツの流通量が少なくなっているわけですから、キャベツの値段が変動してしまうわけです。たとえば一キロ一〇〇円で買っていたものが、四〇〇円くらいになってしまう。一〇~二〇パーセントの変動ではなく、キャベツが三倍四倍の価格になってしまうのです。逆に豊作になると、通常キロ一〇〇円のものが二〇円とか三〇円と大暴落してしまう」

「その年のキャベツの収穫量で値段が大きく変動する。それでは仕入れの管理ができませんね」

「ある年、キャベツが不作でした。農家にキャベツができなければ、農協さんは私たちに安定してキャベツを提供できない。でもうちは一日何トンというキャベツが必要なんです。うちとしては、値段と数量とを決めて年間で契約をしているのだから、その条件でなんとか必要量の供給をお願いしますと農協さんにいいます。とにかく購入数量も契約しているのですから、なんとしてでもキャベツを集めてくださいと。しかもキロ一〇〇円で価格契約しているという状態でした。農協さんは苦労してキャベツを集めました。でも不作なのでキロ三〇〇円くらいで農家から買い取らねばならない。それをうちに一〇〇円で納める……。農協にはものすごい赤字が出るわけです。それが積もり積もって何千万円にもなってしまったことがありました。農協内部では大問題になりました。そもそもなんでそんな契約をしたんだ、と。

それが起きてから、契約の仕方を改善すべきだということになりました。前年の値段の平均を出して、赤字だったら今年は少し値段を上げて、帳尻を合わせるとか。農協さんと、お互いが損をしないように、いろいろ契約条件を改定しているからこそ、ここ三〇～四〇年、ずっとお取引が続いているわけです」

「キャベツ一つとっても、安定して仕入れるということは簡単ではないのですね」

「そうなんです。いろいろ試行錯誤を繰り返しながら、お互いにより良い方法を見つけていきました。現在では、その年の収穫量に左右されない安定した価格と、野菜の量を確保するために、熊本の農協さんだけでなく全国各地の農協さんと取引をさせていただいております」

「そのほかにも、多店舗展開のために工夫されたことはありますか?」

「スタッフの作業を標準化するために、店内のレイアウトはすべて同じにしました」

「レイアウトが同じだと、スタッフの作業も標準化できるのですか?」

「店内の機器の配置が違っていると、作業も店ごとに異なってしまいます。各店舗で作業マニュアルが違うとなると、それは当然コスト高になるんです。さらに、作業効率を上げるためにカウンターだけの店づくりをしました。テーブル席はつくらない。カウンターの幅は五〇センチで形状を馬蹄形にし、二五席。調理ができた商品をお客様に最短距離で提供できるレイアウトを目指しました。そしてもう一つ、作業効率の良いレイアウトであると同時にスタッフの作業がお客様に見られる環境をつくるということにしました」

「それは、キッチンがカウンターの中にあるということですね。通常は、調理するところやお皿を洗うところなどは、あまりお客様に見せないですよね」

「食器を洗うところをお客様に見せるなんて失礼だという考え方もありました。けれど、とにかくちゃんぽんを作るところも、食器がどういう仕組みで洗われるかも全部、お客様に見てもらおうということにしました。そうすれば、お客様も安心されるだろうと考えたからです。その一例として、最初から高価なアメリカ製の自動食器洗浄機を導入し、お客様のよく見えるところに設置しました。使われた食器をトレイに入れて洗浄機の蓋を閉めると、熱湯で自動的に洗われ、消毒され、すごい湯気をあげながらどんぶりや皿が出てくるのです。そんな業務用の大きな食器洗浄機など見たことがない人ばかりでしたし、普通のレストランでもほとんど使われていない時代でしたから、お客様も清潔な店ということで、安心されたと思います。そのあたりも評判になった理由の一つかもしれませんね」

「安心されるのは、きちんと作業されているかどうかがお客様にわかるから、ということでしょうか」

「はい。なにがどういう順序で行われているのか、お客様がチェックできるのです。お客様がお店に入って来られると、先払いシステムでしたから、まずレジでオーダーしていただく。『ちゃんぽん一丁』とレジ担当が大きな声でいったら、すぐに麺を茹でめん機に入れ、中華鍋で具を炒め始める。ちゃんぽんができあがったらどんぶりに盛りつけすぐ席にお持ちする。もし、すぐ持って行かなかったら、ちゃんぽんのスープはどんどん冷めてしまい、おいしくなくなる。その工程をお客様がすべてご覧になっているわけです。いわゆるオープンキッチンです。早く持ってきてくれないと冷めるじゃないの、とか、あの人が炒めたちゃんぽんはおいしいとか、おいしくないとか。お客様が調理に参加しているようなかたちになるのです。麺を茹でる人、鍋を振る人、食器を洗う人、レジを打つ人。だいたい三人か四人で仕事を回しているわけですが、全体がいつもお客様に見られるわけですからクローズドキッチンの店に比べて、働いている人の動作が変わってきます。しかし、レストラン経営をしている先輩からは、作業がお客様から見えるようにすると、働いている人がものすごく疲れるよ、という指摘もいただきましたね」

「たしかにちょっと緊張しそうですね。ずっと見られていると」

「そうなんです。疲れるという指摘はごもっともなんです。ただ、お客様が見ていることによって、たとえば『清潔感を保たなければいけない』などと働いている人の気持ちが引き締まります。お客様にチェックしてもらうといったらおかしいですが、プラス面のほうが大きいと思いました。店の人たちには、『カウンターの中は舞台でお客様は観客です。あなた方は役者なんですから、家でご主人と喧嘩してきても、店に入ったら全部忘れて、お客様に笑顔を振りまいてください』といっていました。この馬蹄形カウンターのレイアウトで、四号店以降の一〇〇店舗以上をつくりました。しかも商品アイテム数は増やさず、『ちゃんぽん』と『餃子』のみでした。メニューのアイテム数は増やさないで、店舗のオペレーションのシステム構築を進めていったわけです。しかし、一九八一（昭和五六）年、渋谷店をオープンした際、計画どおり業績が上がらなかったので、その翌年、対策として『皿うどん』を出し始めました。醤油系の味が関東のお客様に合ったのか、好評だったので、全店で皿うどんを出すことにしました」

「渋谷が『皿うどん』を最初に出した店舗なんですか？」

「そうです。ただ、渋谷のような東京の繁華街に出店したことで、市街地で店舗を運営する難しさを実感しました」

「街の中心部ならではの難しさとはなんでしょうか。家賃が高かったりとか」

「家賃も高いですし、それこそこれまで〝標準〟として定めてきた基準で店がつくれない。ロードサイドの店舗の広さは四〇坪を標準としていましたが、都心部では家賃が高いため、二〇坪とか三〇坪の物件しか借りられなかったり、長方形のきれいなかたちの物件の借り入れは、まず難しいと思わねばならないなど、たくさんのことを学びました。しかし、将来、首都圏で出店を続けるためには、必ず通らねばならない関門だと思ったので、あえて勉強のために、首都圏の九店舗目で渋谷に出店したのです。更衣室や事務作業を行うためのスペースをとろうと思っても、確保できないので別のビルの一室を借りねばならなかったりします。店舗の間口が狭くて奥行きが長かったり、逆に間口は広いけれども奥行きがなかったりします。L字型に曲がっている物件もあります。とにかく、例外的な配置をしなければならない物件がほとんどでした。逆にいえば、市街地の物件は一つとして同じレイアウトをとることができないということです。従って、当分は街の中心部には出さないと決めました」

「では、逆にどこを狙って店舗を拡大していこうとお考えになったのですか？」

「非常に単純ですが、街の中心部以外。幹線道路とか生活道路沿いで、近くに住宅地があり、しかも道路の左側で、カーブの外側を狙ってつくりました。外側だと、クルマに乗ったお客様には店が正面に見えます。そして、お店にも入りやすいので、カーブの外側で場所を探しました」

「すごい。この法則はどうやって決定されたんですか？」

「いやいや。それはもう私たちの経験則です。二号店、三号店と店舗数を拡大しながら、どうしたらお客様に入りやすい店舗をつくることができるか、考えに考え抜いた結論です」

この移動店舗は東日本大震災の後、災害発生時に駆けつけ救援用食料としてちゃんぽんや皿うどんを提供することができるようにつくったもの。お祭りなどに呼ばれて出て行くこともある。

第十章　企業にとって本当に大切なことはなにか？

「自分の得意技はなにか？」

それを磨くことが、社会に対する貢献になる。

「あらためて、企業を経営していくうえで、大切なこととはなんでしょうか」

「それは企業が持つ基本的な考え方を大切にしつつ、変えてはならないこと、変えていくべきこと、それをしっかり見極めることではないでしょうか」

「リンガーハットにおける〝変えてはいけないこと〟はなんですか？」

「常に掲げているのが『すべてのお客様に楽しい食事のひとときを心と技術でつくるリンガーハットグループ』という言葉です。そのうえでいくつかの実践訓を掲げています。たとえば、健康的で高品質な商品を手頃な価格で提供すること。『お客様の声』を心を開いてお聞きし、改善に努めていくこと。日本、郷土の『味の文化』を発掘し発展させること、などです。これらは、変えてはいけない、企業のありかたの軸になる部分ですね」

「これがぶれないことが、強い企業をつくる大切なポイントでもあるわけですね」

「そのうえで、企業として利益を生み出すためにあたりまえのことを、あたりまえに行っていかねばなりません。たとえば、品質を上げてコストダウンを進める。別のいい方をすれば、ばらつきを少なくし、無駄なことを排除することですね。さらにはメイン商品に磨きをかけて、得意なものをもっと得意にすることでお客様により優れた商品を提供すること、などです。この『自分の得意技はなにか』ということ。それを磨くことが、社会に対する貢献になるのではないかと私は思います。そうして、お客様に繰り返し来ていただける店づくりを目指すこと。これらはあたりまえのことですね。それは『お値打ち感』をアップさせることができるかどうかで決まるとも思っています」

「お値打ち感……。これは、具体的にどういったことでしょう?」

「商品の価値を上げるということです。お値打ちというのは、名古屋ではよく使われる言葉なのですが、単純に値段が高い安いではなくて、ある一つの商品に対して、その値段が『安いな』と思われればお値打ちですし、同じ値段で『質がいいな』と思われればお値打ちなのです。いかに価格を下げながら品質を高めていけるか、ということですね」

「たしかに、常にお値打ちな商品が提供できれば、お客様は喜んでくださいますよね」

「そうです。レストランの場合、単に商品であるちゃんぽんや餃子の品質だけでなく、従業員のサービスの質、店の外装、内装、清潔さなども加えた総合的な品質が問題になってきます。

商品がよくても清潔感がなかったら、トータルとしてお客様は満足されません。そのうえで、企業としてもきちんと利益を生み出していかなければなりません。リンガーハットの目標利益設定に関しても、当然ここは守るべきだという設定値があります。それは少なくとも投資額の二倍売る、ということです。そして、売上の一〇パーセントの利益を出すことができれば、投資に対して二〇パーセントの利益が出ます。そうすれば五年で回収できるということになります。たとえば五〇〇〇万円の投資に対して、年に一億円を売り上げたとします。そして一億円に対して一〇〇〇万円の利益が出たとします。一〇〇〇万円の利益は投資五〇〇〇万円に対し、二〇パーセントになりますよね。もちろん、これは目標であり、このようにいかないケースがいっぱい出てくるわけです。目標を達成するためには努力が必要ですが、努力だけではどうにもならない場合も多くあります。見込み違い、調査不足、予想外の出費、投資額の増大など」

「環境の変化もあるでしょうし、不確定要素もたくさんあるでしょうが、目標を設定することは必須ですね。目標を定め達成に向かって努力することで利益を生み出していかなければならない、と」

「そうです。会社は利益を出すための器ではありません。しかし、利益を出さなければ会社の発展はおろか継続もできません。なぜなら再投資ができないからです。再投資ができないと、会社を最善の状態に保つことも、会社を変えていくこともできません。会社は変化し続けなければ、生き残っていくことはできないのです」

「では逆に、〝変えなければならないこと〟とはどこなのでしょうか」

「そもそも創業の時点では、後発ですから先行している同業者に対して、なにかを変えて参入しなければお客様に受け入れてもらえません。企業経営に対する考え方として〝サンエス主義〟というのがあります。まずはSpecialization（差別化）、Standardization（標準化）、そしてSimplification（単純化）です。標準化と単純化に関しては、これまでも話をしてきましたが、ここで大事なのは差別化、というところですね」

「たしかに、多くのライバルがいる中に参入するとなると、なにか特別な武器がないとはじき出される、そして生き残っていけないのかな、とは思います」

「リンガーハットの創業時のユニークな点はいくつかあります。『長崎ちゃんぽん』という中国料理の範疇に入る商品でありながら、いわゆる中国的なイメージをできるだけ排除して、アメリカ的にしたこと。麺やスープにもこだわり、具材の量も通常の店の特大以上のボリュームにして個性を出したこと。ちゃんぽんだけの単品メニューという店も当時はありませんでしたし、長崎だけで同じ店を一一店舗つくるというチェーンストアの考え方も、当時としては珍しかったと思います。スタッフの作業を極限まで単純化して、コスト削減をはかり、低価格で提供しました。とにかく他店との差別化は発展するため、そして、生き残るための必須条件だと考えて実践してきました」

「では参入時ではなく、会社を経営しながら変えなければならなかったという点にはどういったことがありますか?」

「変えるべき大きな軸としては、環境の変化、そして顧客の変化に対応すべきものの二つです。これらは先ほどの企業使命観や実践訓とは違い、常に時代の流れに沿って臨機応変に対応していくべきことだと思います。出店立地もいわゆる郊外から都心部へ、またショッピングセンター内へと変わってきました。塩分濃度も一九七五（昭和五〇）年頃と現在では大きく変わっています。九州と関東という出店エリアの相違による客層の違い、客層の違いによる考え方の違い、店舗数と従業員数の増加に伴う組織改革、コンピューターの普及による情報システムの構築など、量の変化が質の変化に変わってきます。会社も進化していかなければお客様の要求についていけませんし、各店舗を適正な状態に維持することもできません」

「リンガーハットの場合、会社を大きく変えなければならなかった時期はいつだったのでしょうか？」

「やはり、創業者である兄が亡くなったときでしょうか。そして、次に大きく変えたのはバブル崩壊後ですね。人件費、固定費、投資の削減など、生き残るためにさまざまなことを変えざるを得ませんでした。そうしなかったなら会社が潰れたかもしれません」

「そうですよね……」

「そして、なにかを変えるためにはやはり強い意志が必要です。経営者として、会社を、よくするため、存続させるために、やむを得ず変革しなければならない事態に遭遇したとします。

変革しようとすると、そこに必ず反対勢力が現れてきます。不利をこうむる人も出てきます。意見の違いや考え方の違い、これは絶対にあります。そんな状況のとき、仮に部下が反対意見を持っていたとしても、説得して結果的には上司の命令には従わせるでしょう。しかし、心は別ですから、必ずしも全面的に納得しているわけではないと思います。そこで必要なことは、部下に対する説得力よりも、上司が部下からいかに信頼されているかだと思いますね」

「それは経営者として、苦しい部分でもあり、大切な部分でもありますね。いかに信頼されるかというのは、部下との日常のやりとりの中で培われていくものですものね」

「そうですね。そのほかにも大切にしていることとしては、やはり〝食〟を扱う職業ですから、当然、健康や安全といったテーマも常に情報として発信していかなければならないと思っています。たとえば素材。野菜や肉がどこで生産されたものなのか、素材に対してどうこだわっているのか。そういったことは重要ですし、きちんと情報発信していくべきことだと思います。特に昨今は、重要ですよね」

「それは常にＰＲしていかなければならないことですね。先ほど、キャベツなどすべての野菜は国産のものだとおっしゃっていましたが、豚肉に関してはどちらのものを使われているのでしょうか？」

「最初は地元の長崎のもので間に合っていたのですが、店舗が増えていくにつれて量が足りなくなりました。国産の豚肉のみを使用するということでは、やはりさまざまな面で問題が起き、結局、豚肉を一番生産しているデンマークから輸入することにしました」

「デンマークですか」

「ハムやソーセージにもデンマーク産の豚肉はよく使われています。デンマークは酪農の国で、品質もいいし量も確保できるということで、そちらからかなり入れていました。今はデンマークからカナダに移っています。カナダもけっこう豚肉を生産しているんですよ」

「餃子の皮や麺に関しては、小麦を仕入れて自社の工場で作ってらっしゃるのですか？」

「そうです。その小麦もカナダと、オーストラリア産のものでした。それを熊本の大手の製粉会社で、リンガーハットのちゃんぽん麺用にブレンドした粉を作ってもらっていました。最近はすべての野菜を国産化できたので、次は麺の材料も国産化に挑戦しようと、国産の小麦を使っているんです。小麦を国産のものにすると価格は上がりますが、品質はよくなりますし、お客様にも安心して召し上がっていただけます。また、国の政策にも合致することになります」

「そういった安心感とおいしさとが重なって、満足感につながるわけですよね」

「そのとおりです」

「安心できる商品づくりに加えて、企業の成長に欠かせないことはなんだと思われますか」

「私が思うには、人のお世話にならなければ発展も継続もあり得ないということです。ただただ、感謝あるのみです。お取引先様には無理をお願いし、絶大なご協力をしていただきました。創業以来、四〇年、五〇年お取引が続いている会社がたくさんあります。スープ、小麦粉、豚肉、キャベツ……。身内ですが弟の和英には社長として、また会長として激務をこなしてもらい、感謝しています。私は二〇〇三年にリタイアしてからなにもしていません。社長は、ときには辛い方針を出さなければなりません。社員はよくついて来てくれました。私と弟だけではなにもすることはできません。素晴らしい社員が、辛い中でも頑張ってきてくれたおかげで、今日があると思っています。運が良かったのだと思います。私は家族や社員を引っ張って、アメリカに行きました。しかし、バブルが弾けた後は、全員帰国しなければならないことになりました。その点では多くの方々にご迷惑をおかけしました。一店舗、店を残すことができたのも、ひとりの社員が居残ってくれたからです。妻にはアメリカのリンガーハットの店の社長までやってもらい、毎年六、七回ほど、八年にわたって、ひとりでアメリカに通ってもらいました。この件に関しては、感謝していますし、今でも頭があがりません」

「奥様の素晴らしいアシストがあってこそ、カリフォルニアの店の存続が可能になったわけですよね」

「どこの会社でも同じだと思いますが、経営者は一つのことだけやっていればいいというものではありません。商品のこと、人の教育のこと、お金のこと、そしてマーケットのことも考えなくてはならない……。それらの個々のベクトルが同じ方向に向かうように仕組み、一つの作品になったものが店舗です。その店舗にどうやって、さらに魂を詰め込むかということです」

「すべての思いが店舗に詰まっている。その店舗から、企業の思いがお客様に発信されていくわけですものね。これからリンガーハットはどのように成長していくのでしょう？　とても楽しみです」

「大きな目標として、海外で会社の半分の収益を稼げる会社にしたいですね。日本国内はまだ七〇〇店ほどですが、この先一〇〇〇店までいけるかどうか。必ず限界はあります。ですから海外で店舗数を伸ばせるように、その仕組みをつくっていってほしいと思っています。今はしっかりと地盤を固める時期です。海外を重視していこうという点では、二五年以上前からそのことを考え、営業を続けてきたカリフォルニアの店は貴重なモデルとして、意味があると思っています。実はタイにも二店舗を出しています。まだ赤字ですが、このお店も育てていきたいと思っています」

「ハワイにも店舗があるとおうかがいしましたが」

「ハワイは二〇一二年に一店舗をつくって、二〇一四年に二店舗目を出しています。リンガーハットの店と、『とんかつ浜勝』です。二〇一五年にはリンガーハットをもう一店舗出します。

二〇一六年にはなんとか全店黒字にしてほしいですね」

「今後展開を予定している海外のお店はありますか？」

「私は一二年前、会長職を退任し実務に携わっていませんが、若い海外担当の役員が頑張ってくれています。彼は今後、カリフォルニアに力を入れようと考えています。私も弟の和英会長も大賛成です。応援したいですね。それからやはり東南アジア。今はタイと香港ですが、今後は台湾やインドネシアなども考えているようです。しかし、戦局を広げるよりは確実に勝てる地域を一つひとつつくってほしいと思っています」

「次々と海外に進出……。夢はどんどんふくらみますね」

「リンガーハットはまだまだ規模は小さいし、利益率もそう高くない。大成功といえる段階ではありません。大きくなることが良いこととともいえません。かえって危険度が増すと考えたほうがいいと思います。しかし、ひとりでも多くのお客様に『長崎ちゃんぽん』を味わっていただきたい、その思いは創業当初から変わりません。今後は会社の収益の半分を海外で得られるようなグローバル企業になってほしいと思っています」

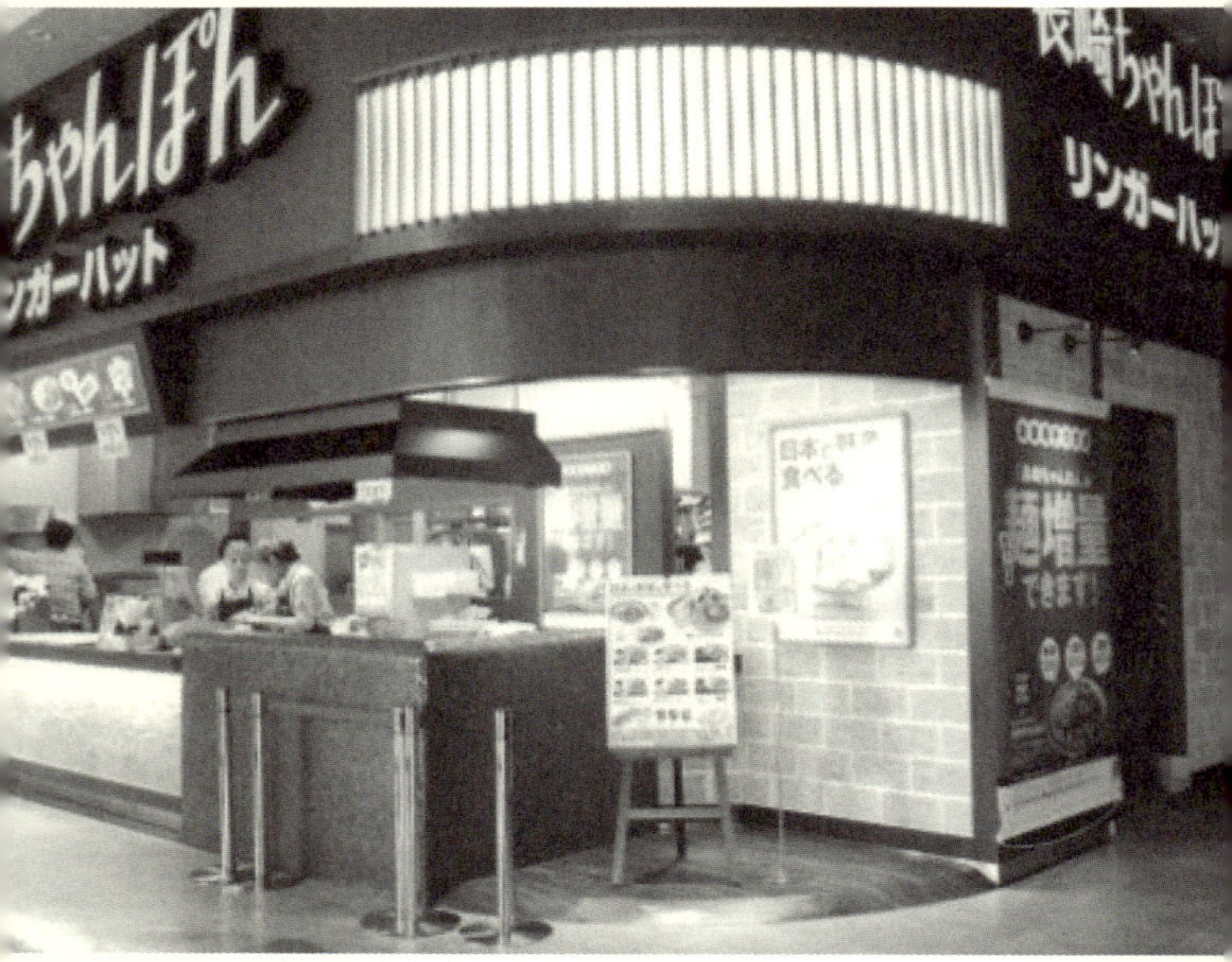

かつてのロードサイド出店中心からフードコートへの出店に変わってきている。店舗のオペレーションにも変化が……。とはいえ、チェーン化を常に念頭に置いた創業当初からの思いがあったからこそ、現在の形態にたどり着いたともいえる。

第十一章　ビジネスはそう簡単にはうまくいかない

どんな事業でも簡単に成功したり、大きな利益が得られたりするということはありえません。起業には覚悟が必要。ベンチャーは冒険ということです。

「米濱さんは、これからの若い人に起業をお勧めしますか？」

「うーん、それはね……、難しい質問ですね。よく考えたほうがいいと思います。というのは、起業はだんだん難しくなっていると思うからです。私たちがリンガーハットを興したときは昭和五〇年代の初期であり、外食産業の勃興期でした。ですから私たちのようなシンプル経営で事業を拡大できたのです。しかし、今は外食産業も大企業がたくさん進出してきて、シンプルではありません。あの時代だったからこそ私たちのような方法で進むことができたのですが、今は難しいでしょう。たとえば今、自動車会社をつくろうと思っても、トヨタがあり日産がある。だから、自動車会社をつくろうなんて人は、いないと思うのですよ」

「たしかに。日本の自動車産業は世界に誇るハイクオリティのクルマをどんどん生み出していて、日本国内でもトップクラスの企業規模ですよね。かなり技術やマーケティングのレベルの高い分野といえます。その分野で一からビジネスを立ち上げようと考える人は、少ないと思います」

「そう。だけど、ラーメン店をやろうという人はいっぱいいるわけです。『会社をクビになったらラーメン屋でもやるか』なんてね。しかし、そんなに簡単なものではありません。飲食店は比較的参入しやすいと思われがちです。たとえば準備資金が一〇〇万円しかなくても、それでつくれる店はありますからね。ではその店をキープして、売上を伸ばして店舗を増やして……、と。それができるかというと、かなり難しい。出資してくれる人がいて、資金が潤沢だったとしても、なかなか難しいと思いますね」

「ご自身が飲食業の中で、さまざまな経験を乗り越えてこられたからこそのお言葉ですね」

「だけど、難しかったり苦しくなったりすることを承知のうえで、起業したいと思うなら、やはり三〇代後半以降でしょう。その分野でさまざまな知識や経験を得てからのほうがいい。二〇代など、経験が浅いときに起業するというのは、非常にリスクが大きいと思います」

「起業するなら、若いうちよりも、しっかりキャリアを積んでからのほうがよいと」

「そう思います。まだ世間のことがよくわからない状態で起業して、ビジネスを始めるというのはリスクが大きすぎます。もちろん、それで成功する人もいます。たとえば二〇歳の頃から三五歳くらいまでずっとお寿司屋さんに勤めていて、寿司屋のことはなんでもわかっている、そういったところから独立して寿司屋さんを始めるというなら、比較的、成功率が高くなると思います。しかし、調理だけわかっていてもビジネスは成り立ちません。調理は経営の中の一部分ですから。繰り返しになるかもしれませんが、財務に関する知識、銀行とのつき合い方、人事管理など、なにも勉強しないで店を作り繁盛させ、それを継続させるということはなかなか難しいということです。さらに、起業するなら『俺はこの分野だったら誰にも負けない』という、なにかを持っているべきでしょう」

「この分野でなら、やっていけるという自信を持たなければならない、ということですね。そして、そのためには知識や経験が必要だと」

「飲食店じゃなくても、広告でも出版でもどんな業種でも、その分野で働き続けていれば『こういうものをつくりたい』というイメージが、次第に湧いてくると思います。それをもとに、新しいビジネスを始めるのは、いいんじゃないかと思います。ただ、覚悟は必要です」

「覚悟、ですか。五〇年以上、飲食業に携わってこられた米濱さんだからこそ、非常に説得力のあるお言葉です」

「我々がリンガーハットの母体、『浜かつ』を始めたのが一九六二（昭和三七）年です。一九七四（昭和四九）年にリンガーハットをつくり、全国に店舗展開していきました。ちょうどその頃、私たちと同じように店舗を五店舗とか一〇店舗とか出店していった方々がたくさんいました。一五店までつくった、二〇店までつくった、と。しかし、いつのまにか、音信不通になっていくのです。会社がなくなってしまったのでしょう。今でも年賀状をくださる人もいますが、現在、店があるのかないのかわかりません。倒産して、毎月借金を返すのに困っている人だっている。私の知っているAさんは某大手電機メーカーに勤めていて、テープレコーダーなどの商品開発をやっておられました。独立して、ソフトウェアを作る会社を作りましたが、いろいろあって、経営が行き詰まり、出資者や銀行にお金を返せなくなりました。また、アメリカでレストランを経営されていたBさん、数年たって経営が行き詰まり店を閉め、行方不明。音信不通になってしまいました。などなど、独立してしばらくはうまくいっていたものの、経営が行き詰まり、会社を畳まねばならなくなった。その結果、人に合わす顔がなくなって、いつのまにか音信不通になり、消えて行った。私は何人かそういう人たちを見てきました。いくら自分が一所懸命やっていたとしても、社会の変化、たとえばオイルショックや、バブル崩壊ということが起こることもあります。それ以外にも、台風や地震などの自然災害が起きて被害をこうむり、立ち上がれない場合もあります。本当にいろいろなことが起こるのです」

「そうですよね。自分の力ではどうしようもないこともありますからね」

「起業というのは、自分が全責任を持ってやるものです。いいときはいい、悪いときは悪い。それもすべて、自分の責任です。だから『サラリーマンのほうがずっと気楽で良かった』と思うときはありましたよ。会社の業績の良し悪しや、自分の仕事の出来、不出来にかかわらず、一定の収入を得られるのですから」

「経営者の方というのは日々不安との戦いですね」

「いつなにが起きるかわからないですからね。最近では、マクドナルドがそうです。使用期限切れの鶏肉問題や、異物混入問題などが立て続けに起こり、いまだに売上が低迷しています。食材の発注先でトラブルがあったら、それは全部、最後にお客様に商品を提供する者、つまり私たちの店の責任になります。今、マクドナルド本体が苦しんでいるのは仕方がないとしても、独立したフランチャイズのオーナーさんたち（元社員）は、売上が下がり、家賃や給料を支払うのが難しいというような問題が起きているのではないかと思います」

「大きな話題になっていますが、経営者にとって、それはものすごく大きな不安ですね」

「店舗のオーナーさんにしても、まさかあんなことが起きるとは思っていなかったでしょう。『マクドナルドならきっと大丈夫だろう』と、そう思ってフランチャイズのオーナーになっているのに、あのような事件が起きてしまったわけです。ですから、一〇〇パーセント自信がある、などということをいう人はいません。企業経営者はみんな、恐れているわけではないけれど、いつも不安を感じています」

「何事にも絶対はない。どんなときだって、なにが起きたって、自分の責任と受け止められる強さが必要ですね」

「覚悟が必要です。実は、僕の甥っ子もホットドッグの店を出しているのです。今、三〇代後半かな？」

「そうなんですか。身内の方が飲食店を始められるというのは、やはり嬉しいのでは？」

「私が勧めたわけではありません（笑）。彼はもともと、飲食店を経営していたわけではなく、カメラマンとしての仕事をしていたのです。ただ、飲食店をやりたいということでカメラマンを辞めて、店を出したのです。今回、場所を変えて移転して再度オープンすることになりました。ほかの商売のことは私にはわかりませんが、飲食のことだったら多少はわかります。商品の価格や店舗の立地などについて、少し相談にのったりしました」

「アドバイスしたくなりそうですよね。そのうち米濱さんが経営していたりして（笑）。たとえばそういった、経営のコンサルティング、若者にノウハウを教えるということには、興味をお持ちですか？」

「それはまぁ、頼まれれば、この店はどうかとか、アドバイスをさせていただくことはありますけど、それを専門に、コンサルタントをするなど、ビジネスはもういいと思っています。僕はもうリタイアして後期高齢者になっていますから。ハワイに行ってゴルフをしたり、クルーズに乗って世界一周したりするほうに興味があります」

「素敵なことです（笑）。その甥っ子さんの店ですが、まずは一店舗で安定した売上を上げられるようになることが大事ですよね」

「もちろんそうですね。小さい店でも利益を上げて、家賃や光熱費や材料費などをちゃんとまかなえて、そのうえで生活費を得ないといけないわけです。彼も二度目のチャレンジですから、頑張ってほしいですね」

「日本で起業をするということは非常にリスキーなイメージが強いように思います。海外でもやはり起業するということは『人生をかけた大勝負！』なのでしょうか？」

「少なくとも、アメリカのほうが起業に対してポジティブなように感じますね。アメリカの場合は、優秀な人間は大学を卒業して大企業に入るというよりも、ベンチャーでビジネスを起こす。そちらを選ぶ人が多いように思います。日本の場合はどちらかというと、優秀な人間は官庁とか大企業などに就職するイメージですよね。アメリカの場合、本当に自分がやりたいならビジネスを起こしてやってみるべきだ、という風潮です。そのかわり、それなりのビジョンを持っていないと実現はできません。そして、特にシリコンバレーなら、良い企業にはお金を出してくれる投資家がたくさんいます。ベンチャー企業が育ちやすい環境ですね」

「文化の違いもありますが、ベンチャー企業を育てる投資家が多くいる環境は日本と大きく違うところかもしれませんね」

「先日、シリコンバレーで一緒にゴルフをしたアメリカ人に『なんのビジネスをしているの？』と聞いたら、『ベンチャーキャピタル（投資会社）だ』といっていました。もうひとりの方も同じくベンチャーキャピタリストでした。アメリカにはベンチャーキャピタルがけっこうあるのです。ハイリターンを狙ってアグレッシブに投資するわけですから、一社だけではなく、十数社に投資している。いろいろなネットワークがあって『今度事業を起こした企業があるんだけど、そこに投資しないか。それはこんな会社で……』といった具合に資金を集めたりもしている。ベンチャーっていうのは、やはり冒険でね。うまくいくかどうかはわからない。化けたら大きい利益を生みます。でもやはりうまくいくことは少ない。潰れる場合がほとんどです。ただ、アメリカの場合には潰れても多額の借金を背負うわけではないのです。自分の家を担保に資金を借りているとかではなく、投資家が資金を出してくれているから。ゼロにはなってしまうけれど、マイナスにはならない。日本のように借金ができる、家族全員が苦労する、そのようなことは少ないのではないかと思います」

「日本の場合、自己資金で起業するケースがほとんどですから、経営に失敗して倒産、多額の借金を背負い家族が路頭に迷う……、というイメージはありますね」

「そう。でもシリコンバレーではそうならない仕組みができているわけです。ニューヨークやロサンゼルスと比べても、その仕組みが発達している。シリコンバレーの場合、年間に一万七〇〇〇件の起業、参入件数があり、倒産、撤退件数は一万件という統計が出ています。信じられないような数字ですが、三分の一は消えているわけです」

「三分の一は消えていく……。でも、一度消えてしまった彼らの中にはまた、もう一度起業という可能性も残されているのですよね」

「そうですね、再チャレンジをする人もいるでしょう。日本の場合はどうかというと、各証券会社がベンチャーキャピタルの会社を持っているわけです。上場を目指す意志のあるベンチャー企業の社長さんたちを集めて、勉強会を開催したりしている。経営者や企業を育てているわけですね。それで僕らのような立場の人間も、その勉強会に呼ばれることもあります。そこで『この企業は〇〇を開発していて有望です、投資してみませんか』とかね（笑）。勧められるわけです」

「米濱さんはいくつかの企業に投資をしたことはありますか？」

「個人的に頼まれて投資したり、お貸ししたことは一〇件以上ありますが、まともに回収できたのは一件だけ。あとは全部消えてしまったりこげついています。やはり、どんな分野でもそう簡単に成功したり、大きな利益が得られたりということはありません。起業には覚悟がいりますし。ビジネスは簡単にうまくはいかない。ベンチャーは冒険、アドベンチャーだということです。しかし、それでも、起業する意味、自分でビジネスを興す価値はあります。成功した場合、大きな果実と満足感が得られるからです。リスクばかりを考えていたのでは、起業できません。一歩を踏み出し自分を試してみる。自分の人生を賭ける。死に物狂いで事業を成功させる。その思いがあってこそ、事業は成功するのだと思います。事業は男女を問わず、人間としてのロマンと言えるのではないでしょうか」

米濱鉦二（よねはま・しょうじ）
1938(昭和13)年1月、満州国牡丹江省東京城に生まれる。1956(昭和31)年3月、国立詫間電波高等学校本科卒業。同年10月、川崎汽船株式会社に入社。主にニューヨーク定期航路の船舶無線通信士として勤務。1962年3月、船舶通信機製造の日本電業株式会社に入社。翌年3月にはコンピュータのシステム設計などを行う株式会社日本ビジネスコンサルタントに入社、後に株式会社日立製作所に編入された。1965(昭和40)年5月、近藤麗子と結婚。1974年3月、株式会社浜勝に入社。長崎ちゃんめん1号店（後のリンガーハット）の創業を担当する。1979(昭和54)年3月、関東地区に店舗展開のため東京・八王子市に転居し新宿に東京本部を開設。1989(平成元)年3月、アメリカに店舗展開のためカリフォルニア州ロスアルトス市に移住。翌年1月にアメリカ1号店を開店する。1994年4月、藍綬褒章受章。2003年5月、リンガーハット株主総会で代表取締役会長を退任。取締役最高顧問となり現在に至る。

金子奈緒（かねこ・なお）— Interview —
ラジオパーソナリティ、ナレーター。東京都出身。慶應義塾大学卒、大学在学中、18歳のときに現在の所属事務所、FM BIRDのDJコンテストでグランプリ受賞。19歳でZIP-FMヨコハマなどでデビューし、その後、J-WAVE、JFNといったラジオ、TVやCMのナレーター、イベントのMCなどで活躍中。

The Interviews
背伸びせず会社を成長させる経営術

2016年1月1日　初版　第1刷発行

著　　者　米濱鉦二・金子奈緒
発 行 人　笠井順雄
企画・構成　前田敏之
装　　丁　柳谷和志
発　　行　株式会社サンポスト
〒107-0052
東京都港区赤坂3-10-2 赤坂コマースビル
Tel：03-3586-2701／Fax：03-3584-6999
URL：www.sunpost.co.jp
発　　売　株式会社コスモの本
〒167-0053
東京都杉並区西荻南3-17-16　加藤ビル202
Tel：03-5336-9668／Fax：03-5336-9670
D T P　株式会社サンポスト
編集協力　有限会社ディークリエイト（西垣成雄・宮崎守正）
株式会社スターダイバー（重田玲）
株式会社FM BIRD
印刷・製本　株式会社ダイトー

ISBN978-4-86485-024-7

「ザ・インタビューズ」シリーズ　刊行にあたって

今、わが国は出口の見えない迷宮に足を踏み入れているように思えます。さまざまな問題が蓄積し、どこから手をつけていいのかさえ誰もわからなくなりつつある、そんな気がしてなりません。社会に広がる閉塞感は、日々のわれわれの心を圧迫しています。そんなときだからこそ、頭を休め、素敵に齢を重ねた方々と、ちょっとお茶呑み話をするというのはいかがでしょう。時代の貴重な証言を残しておきたい、といった大それたことではなくて、人生の先輩たちにお話をお伺いしたい、という意図でこのシリーズを企画しました。会社勤めに行き詰まった人、研究がうまくいかずにくさっている人、子育てに悩みを抱える人、人間関係で困っている人、それらの人々に効くかどうかは不明ですが、きっと、人生捨てたもんじゃないな、と思えてくる、人生が楽しくなる処方箋になっているのではないかと思います。ぜひご愛読いただければ幸いです。

二〇一五年六月　サンポスト編集制作部　前田敏之